U0030850

那些廚房教我的事

放牛班五星主廚的廚味人生

謝宜榮 著

contents

Part 1

放牛班出身的五星主廚

Part 2

那些廚房教我的事

Part 3

那些創業教我的事

推薦序

一步一腳印，把披薩做到極致

TVBS《一步一腳印》節目主持人
詹怡宜

「通常我們說這件事我已經會了，但是『會』有很多種，普通的會和追求極致的會恐怕還有十萬八千里遠。帶您看這位PIZZA老闆的自我要求。」十年多前，《一步一腳印 發現新台灣》（以下簡稱《一步一腳印》）節目報導謝宜榮時，我的開場是這麼介紹的。

我自己很喜歡聽故事、講故事，過去十多年來，我每個週五下午都坐進攝影棚裡錄影講故事。在TVBS新聞台負責製作《一步一腳印》節目約十七年了。這個節目當初的宗旨很簡單，如同節目名稱，我們尋找台灣各地符合「一步一腳印」精神的小人物故事。說起來容易，一開始卻很難下手，因為人物怎麼選、標準怎麼訂、故事怎麼聚焦……，我們確實花了些時間調整嘗試，幾年下來，節目漸漸摸索出一套專屬的說故事模式。

我始終很難具體描述出這套說故事模式究竟是什麼。但看完宜榮主廚的這本書忽然明白了，這幾乎就是一套一步一腳印的故事範本。

《一步一腳印》故事最重要的是，「真實的經驗」。書裡生動描述他當學徒時，如何趁著幫義大利主廚清洗鍋子的機會，用手指偷沾醬料，記下味道來探索醬汁作法。以及他為了看國外烹飪節目，買錄放影機設定「時間預錄」，甚至為了方便日後查閱，每天花兩小時按照不同菜色分類轉錄。

我們的節目最喜歡這種小故事，不需要多做解釋，那個肯上進的年輕學徒謝宜榮的樣貌已自然鮮活歷歷在目。

說故事模式的第二個核心是，「難關的突破」。

《一步一腳印》節目做久了，我們漸漸明白，沒有難關就成不了故事。曾有些人把自己的成就告訴我們，希望能成為報導題材，但我們很清楚：描述成就的是宣傳或廣告，只有經歷難關才能成就動人的故事。這也是為什麼謝宜榮一個人處理那三十七袋洋蔥、和要準備兩千人份的炒飯時，我們讀來會覺得如此精采。

一次次的創業經歷，以及他語重心長強調創業夢想與現實的差距、「先求『活著』，再談理想」，是宜榮主廚坦承自己面對的每一個難關，所能提供最寶貴的經驗教訓。而難關中的一次次的突破經歷，更是每段故事中的精采核心。

做節目說故事時我們在意的第三項是，能否「找到產生共鳴的記憶點」。我跟記者討論不同人物故事時，各行各業有人執著堅持、有人勇敢求變，一個人常有好些不同的切入角度。我們總彼此提醒：「先抓出一個最令自己佩服或感動的點吧！」

但讀謝宜榮的故事時，我卻讀出好幾個引起共鳴的面向。

他是在二〇一一年拿到全台灣第一家AVPN認證拿坡里披薩時成為《一步一腳印》的節目主角，我們的記者陳心怡當初抓的點是「追求極致」，她在報導中描述謝宜榮如何在意細節，「對謝宜榮來說，極致就是永遠不自我設限，努力求追求那條看不見的終點線。」我從這本書中也看見他如何從前輩、老闆、同事身上找到值得學習的優點，直到成為自己成長的養分。這也是個符合《一步一腳印》的獨特記憶點。

但最後一項我打心底佩服且引發內心共鳴的，是宜榮主廚把自己這些年從懵懂到精采、從難堪失敗到學習調整，都記錄了出來。

我一直相信，寫出來就有意義，每一個人生都會因「寫出來」而更有價值。果然，宜榮主廚不只能寫食譜書，當他娓娓道來整理自己與廚房的故事，成就出一篇動人的一步一腳印人生故事。

推薦序

Tom，我以你為傲！

萬豪國際集團大中華地區營運副總裁
Richard Taffs（唐德權）

很高興有機會能為謝主廚（Tom）的新書撰寫推薦文，也紀念我們這二十多年來的美好合作、美食旅程和友誼。

我們是一九九九年在台北華國洲際酒店一起共事，他不遜於任何我合作過的優秀義大利主廚，還給人某種特別的感覺或許是DNA，像是輕鬆隨意的態度，對道地的義大利美食，永遠充滿熱情和奉獻精神。

那時候，謝主廚幾乎每兩年便會去一趟義大利，前往米其林餐廳用餐，不

It's a pleasure to write this forward for Chef Tom in dedication of what has been a wonderful career, culinary journey and friendship for more than 20 years.

When I first worked with Tom at the Intercontinental Taipei in 1999, I knew that I was not only working with one of the best Italian chefs I had ever worked with but with someone who had a special chemistry or DNA that took his jovial casual manner, coupled with a passion and dedication for Italian cuisine, but who also had a fierce desire to serve simply exceptional authentic Italian cuisine. In those days Chef Tom would take himself off to Italy every couple of years to dine in Michelin established restaurants, to educate himself, to experience the culture and would come back renewed.

Tom today is very much a celebrity in his own right, and has become a very successful free standing restaurant operator. The journey was not always easy and Tom has overcome extreme difficulties, closed a restaurant but showed great perseverance and courage to succeed today.

Tom visited me in many locations, made pizza with my kids in Phuket, cooked with me in Shanghai. And I remember a few

斷學習、體驗文化並自我提升。他靠著自己的努力，終於成為一位非常成功的餐廳經營者。這一路上並非平順，謝主廚克服了很多困難，曾經創業失敗過，但仍然表現出極大的毅力和勇氣，才能獲得今天的成功。

謝主廚常到不同的城市拜訪我，像是在普吉島陪我的孩子們一起做披薩，在上海和我一起做飯。我印象最深的是，幾年前，台北萬豪酒店即將開幕前，我去了一趟台北，我們就約在我住宿的西華酒店碰面，當時他站在一輛超漂亮的黃色跑車旁，我一看到就說：「Tom，你做到了！」我真心為謝主廚的所有成就感到驕傲。

years ago, when I made a quick trip to Taipei as we prepared to open the Marriott Taipei. I met Tom at The Sherwood, and as he stood next to a super nice yellow sports car in the drive I said " Tom I think you have made it! " I am so proud of Tom that he has.

Richard Taffs

Vice President, Operations I Greater China I Marriott International

推薦序

態度，決定一切

高雄餐飲大學西餐廚藝系兼系教授
陳寬定

轉眼到高雄餐旅大學擔任教職已經二十幾年之久，和宜榮結緣是在當時的凱悅大飯店（今君悅酒店）Ziga Zaga 義大利餐的員工面試。當初錄取宜榮是因為他願意從基礎做起的態度，其實在面試之前，他已有其他相關工作經驗，但仍願意從基礎開始的態度，實為難能可貴！

相信正因著宜榮有如此的工作熱忱和積極的工作態度，才能有今天的一番成就，眼見他在餐飲業的一番天地，著實替他高興。

回想過去的學徒生活，是當今年輕學子很難想像得到的過往。夙興夜寐，每天必須比師傅更早到廚房做打掃工作及整理冰箱。除此之外，還需削好馬鈴薯皮、切片炸成薯條，再冷凍到冰箱備用。因為刀工不熟練，往往一整天只能進行削皮、炸薯條的工作，很難看到師父們做菜的過程，一直要等到新學徒進來，才得以更換工作，真正到廚房學做菜的技術。但也因為有這樣的基層磨練，方造就了自身刀工技巧的精進與動作的敏捷度。

回想當年投身教界，最大的使命除了教導學生的廚藝技術和理論之外，塑造學生精益求精的「學習態度」，更是我要求的重要目標。

如今看到宜榮的新著，期待這本書能夠給更多有心想投入餐飲行業的學子們一個明確的指引，讓更多的年輕學子能夠明白「台上一分鐘，台下十年功」的意涵。若想成為一位獨一面的廚師，相信這本書能夠激起你工作的熱情，並指引你踏穩廚師之路。

推薦序

義大利料理的逐夢者

奧利塔橄欖油品油師
吳文玲

二〇〇二年，我們的家族事業由傳統生意轉型為義大利橄欖油代理商。初踏入義大利飲食領域，我帶著剛代理的橄欖油到處拜訪餐廳通路經銷商，每個經銷商看到新產品開口就問：「既然是義大利橄欖油，謝宜榮主廚有用嗎？」

當年義大利餐廳主廚的代名詞就是謝宜榮；而你所代理的義大利產品，謝宜榮主廚有沒有在用？就成為業界一個指標。

剛入行的我們，接觸不到當時在五星級飯店工作的謝宜榮主廚。但很榮幸的，在一番努力後，終於有機會與謝主廚合作。近二十年來，看著謝主廚從五星級飯店，到帶動拿坡里披薩風潮、開燉飯店，直到現在的 Pino Pizzeria 二號店……。

謝主廚是我認識的義大利料理廚師中，最熱愛義大利料理的逐夢者。他總是一試再試，沒有任何的挫折可以中斷他的義大利夢。一路以來，謝主廚的徒子徒孫也都在義大利料理界開枝散葉，各有各的一片天。

義大利料理是種充滿歡樂與健康的飲食概念，台灣的義大利飲食文化還不及日本的五分之一，我們仍大有可為。感謝這幾十年來謝主廚在台灣對義大利料理的熱情與貢獻，也希望我們這些義大利食材代理商，能有機會繼續跟著謝主廚的夢想，一起為台灣的義大利料理文化成長努力！

推薦序

苦盡甘來的人生滋味

宜芝多品牌創辦人
蔡秉融

當接到謝師傅來電，希望我能為他的新書寫序言時，我自覺受之有愧。我和謝師傅相識至今已有十八個年頭。我們的經歷很像，都是學徒出身，只是他學的是餐飲，我學的是烘焙。

同樣是五年級出生的同學，看到書中提到，上國中三年級時會分「升學班」和俗稱的「放牛班」，更是深有所感。那時的台灣不像現在有這麼多學習機會——那個時代的我們，都只能從學徒做起。如果跟對一個師傅，就有機會學習到技藝、好觀念，而且要吃得了苦，師傅才會給你機會學習……。

現在已經是網路時代，很多世界名廚和料理達人都透過網路媒體開設教學課程，只要有心學習，無論何時何地，隨時都能在線上看到、學到專業的廚藝技術。

有幸曾和謝師傅共事一年，他做的每道料理都很美味，更是我見過的眾多師傅中，少數「很拚」的人；最重要是，他很有國際觀，在台灣開店伊始，便成為全台灣首家獲得義大利拿坡里披薩AVPN認證的餐廳，甚至開店創下一天翻桌十一次的紀錄，也帶動全台灣窯烤披薩的熱潮，各大媒體爭相報導。

《那些廚房教我的事》一書，寫下他從學徒、主廚到老闆的角色和走遍世界的歷程，也分享了三十年來從事廚房工作的經驗和人生每次創業的歷練。真誠希望這本書能給擁有餐飲創業夢的廚師們帶來一點點鼓勵，希望有夢的年輕人能大膽的走出去、敢於走出去！

正像謝師傅在自序中所說的：「我都做到了，相信你也可以。」希望台灣的年輕師傅們能走上世界舞台展示自己的才能，也希望這本書能給年輕人帶來一些啟迪。

推薦序

廚房裡的翻轉人生

美國肉類出口協會駐華辦事處處長
吳秋衡

二十年前，謝宜榮師傅走進我們的辦公室，示範如何用生鐵鍋做原味好吃的牛排，那是我對他的第一印象——靦腆，但談到做菜卻又充滿自信。從此，只要有展覽和食譜總會想到他。

謝宜榮師傅不僅技巧熟練，對食材用心，更能理解肉協需要的展示模式。二十年來協助美國肉協的活動，更是不遺餘力。

話說的沒錯，「成功無法複製」，但人格特質養成更無法複製，如果沒有他如此的肯學勤快、配合度高，怎麼可能將自己的餐廳經營得那麼好。

我特別欣賞的一點就是在客人看不到的地方，他做得比別人扎實，包括使用的材料和環境的維持，沒有好的訓練養成，怎能做出如此美味的菜色。

相識數十年來，未曾對任何謝師傅寫下任何感言，因為有種太深太沉重的負擔，但總覺得他就像自己的親人一般。很樂意為此書推薦，也透過此書看到他從谷底翻轉的人生故事。

推薦序

以精采人生佐味，創造極致美味

知名大提琴家
張正傑

這位主廚就是不一樣，看完了這本書終於了解，原來如此，廚師跟音樂家一樣，有過精采的人生，才有可能創造出極致的美味！

和宜榮主廚合作的經驗非常特別，從臺灣海洋大學的海鮮美食活動開始，其中最特別的應該就是在國家音樂廳演出的親子音樂會《太陽餅 PK 義大利 PIZZA》了！宜榮主廚現場讓全場大小朋友驚艷，不只做披薩，而是讓美食打入人心！

宜榮主廚是我尊敬的廚師，了解他的故事，更能品味出極致美食的真諦！

自序

如果我做得到，你也可以

我永遠記得二十八歲那一年，我成為華國洲際飯店的主廚。身為一個本土主廚，甚至只有國中畢業的學歷背景，能夠像我當年偶像——現任長榮旅業總部協理鄭東波（曾任台糖長榮酒店總經理），還有現任漢來飯店董事長賴忠誠一樣，成為國際飯店主廚，對我來講，真的就像是中了頭獎，直到現在想起來，心裡都還是會相當激動。

因為我並非家學淵源，只是十五歲國中畢業後，媽媽看到一張「誠徵餐廳學徒」的紅紙（民國七〇年代還沒有網路人力銀行），就這樣瞎打誤撞，從此引領著懵懵懂懂的我走進餐廳廚房。沒想到，這三十多年來，廚房竟然成為我這輩子最熟悉的工作場域，至今也只做這件事。

早年當「廚師」這件事，一直是條非不得已才走上的路，國內外皆然。去當學徒的人，多數是沒有升學、家境問題，像是我的偶像鄭東波主廚，便是位從洗碗工做起的主廚；畢竟當年廚師的社經地位不比白領，又每天都被關在熱烘烘的廚房裡，與油膩為伍，得耐得了熱、吃得了苦，能夠有朝一日，穿上白帥帥制服、戴上高帽成為「主廚」的人，實在少之又少。

當然，一開始就立定志向，有心、有能力往主廚之路邁進的人，也大有人在，而最好的養成之路，就是到國外學習，直接拜師，或就讀專業餐旅管理相關學校。現在台灣就有餐飲科系、學校，出國學習的機會更多，大家的基礎能力也都很好。除了正統的學校系統，網路、媒體上更隨時可以看到許多達人、主廚秀。

當年我因為學歷的局限、加上英文不夠好、也非科班出身，更沒有出國學習的條件，天天只是待在廚房裡工作，所以個性上有點自閉、也可能是自卑使然，能夠揚眉吐氣，躋身國際飯店行政主廚要職，讓我從此更具自信，另外許多貴人扶持，也是對我所有努力的肯定。

廚師是我的職業，為大家做菜是我的興趣，所以能夠數十年如一日，樂此不疲。不同於其他職業，我的工作地點就在廚房，但也跟一般職場一樣，有師傅、老闆和同事之間的互動。我的廚房人生，除了大家可以品嘗得到的「前台」料理，還有更多大家看不見的「後台」努力。

全球新冠肺炎疫情爆發至今，餐飲業不論是老店、名店，飯店到小吃攤，無不受到很大衝擊。「新常態」生活下的業者，奇招百出的生存術，「隔餐如隔山」，沒有一定答案。但是，我很慶幸自己多了一點幸運。

早在疫情嚴重前，我正忙於新開二店籌備工作，有次在美式大賣場看到一款熱賣的義大利冷凍披薩，我是廚房技術出身，相信新鮮現做才是美味，冷凍食品向來不會是首選，但基於好奇和「別人做得到，我也要做到」的心情買回家嘗鮮。沒想到，還原度顛覆了我的想像，一頭栽進相關冷凍技術設備，嘗試試做冷凍披薩、進行販售。而二店因為地點又礙於空間，定位上有別於創始一店，主打外送、外帶顧客多於內用。兩次的無心插柳，卻在這段期間得到印證；現在先求穩再求好，冥冥之中，更像是提早為轉型做好準備。

後疫情時代，許多事情都回不去了，保持彈性與應變、拓展電商業務是我的策略。但是「成功無法複製」，只希望透過自己的經驗分享，讓更多人可以少走一點冤枉路，因為「我都做到了，相信你也可以。」

Executive Chef

Part

1

放牛班出身的五星主廚

How a commis becoming a well-known chef.

01 重新歸零的飯店資深學徒

退伍後為了進國際大飯店，我又從學徒做起，重新歸零。這給我很大的啟示，每換一個環境都要轉換心態，不能套用舊有的經驗，當然，好的工作習慣還是要延續，才能學更多！

如果，我十四歲那年，沒有自作主張，就讀「職業班」（其實就是所謂的放牛班），那現在，會跟爸爸一樣是個「做工的人」，或成為怎樣的人？

如果，我當兵回來後，決定轉換跑道不再當廚師，不願意降薪到西華飯店，又從學徒做起，那就不可能有機會成為國際飯店的主廚。

午夜夢迴時，偶爾會這樣想起，人生中最重要的這兩個轉捩點，其中一個決定讓我瞎打誤撞走進廚房至今，另一個決定甚至讓我邁向主廚之路。

求職碰壁又從學徒開始

民國八十一年，在綠島當兵的我，一邊數著饅頭等退伍，其實心裡越來越慌亂，一邊思考到底以後要不要繼續當廚師，還是轉行好？不知道該怎麼辦。

當兵前，我在西門町豪景大酒店工作期間，就常聽到領班、同事們說到台灣的幾家國際大飯店，聽他們說起五星飯店的建築設計、餐點服務、住宿體驗，都讓人心生嚮往，而且「跟外國廚師工作」這一點，真的非常吸引人。

盤算了自己的資源，有經驗、也有夢想，於是退伍後開始找工作，便鎖定國際飯店的餐廳。很幸運地，當時西華飯店的義大利餐廳 TOSCANA 正好有職缺，我也順利獲得面試機會。

面試當天，填完履歷，這是第一次跟老外應徵工作，其實我很受傷，因為需要翻譯才能自我介紹，而且那些過去經歷的餐廳沒有一家是老外認識的，甚至還問我：「你要不要從學徒做起？」直接表達不認同我的廚房經驗。

我印象很深，面試主管只說：「雖然你已經有五、六年的廚房工作經驗，但是履歷上寫的餐廳跟主廚，我都沒聽過。如果你要來，就要重新開始，起薪兩萬一，如果有意願再打電話和我聯絡。」

聽到這裡真是晴天霹靂，加上當兵時候的磨練，明明已經有七、八年的廚房基礎，撇開當兵前薪水已經將近三萬元上下，面試主管只用一句話，就把我所有的努力歸零，心裡真的非常不舒服，但又不想放棄難得的機會，只好回覆：「那我回去想想。」

每次轉換跑道，我們總是希望可以有更好的薪水、環境，所以回家路上，我內心相當掙扎，也越想越不甘心。一到家媽媽看我悶悶不樂的樣子就問：「是不是剛才面試不順利？反正才剛退伍，再找就好。」

於是我一五一十地把面試主管所說的都告訴媽媽。母親似乎看出了我的心事，她說：「如果你自己覺得好就好，把想學的都做好、學起來。現在不用擔心賺的錢太少，你自己夠花用就好。」

因為媽媽一句話，讓我吃下定心丸，現在的薪水低只是暫時，進大飯店學習是我真心想要把握的機會，就放手去學就是了。這一點，至今我還是相當感謝媽媽，在我遲疑的時候，讓我沒有後顧之憂，更不用金錢來衡量每一份工作的價值，專心在自己喜歡的事業上，全力衝刺。

這次的歸零，也給我很大的啟示，每換一個環境都要轉換心態，不能直接套用自己舊有的經驗，那就會永遠看這個不好、看那個不順眼，什麼都想著以前有多好，天天不開心；當然，好的工作習慣還是要延續，才能學習更多！

所以，下定決心那一天，我也從此和過去告別，開始接受所謂正統的義大利餐廳訓練。

當菜英文遇上外國主廚

第一天走進西華飯店上班，還記得在義大利餐廳 TOSCANA 的廚房裡，有很多進口的材料、設備，都是那樣閃亮亮、一塵不染，蔬果香料更是全然陌生，當時真的大開眼界，也更加堅定自己這個決定是對的。

當天我才知道這個廚房只錄取一位學徒的缺，所以沒有其他「同梯」，但是偏偏菜鳥的我對每樣事物都充滿好奇，自我介紹後便開始請教資深同事，希望認識各樣食材、香料。

不過，我是因為「有廚房經驗」而獲得這個工作機會，加上大家都非常地忙碌，當時同事只是冷冷的說：「你自己看著別人怎麼做就好。」冷漠的態度讓我有點受傷，甚至一度覺得對方不太喜歡我。

在廚房裡就是各憑本事，每個學徒都只有一個老闆——就是主廚。也還好我有之前廚房工作的基礎，學東西上手快，畢竟以前那麼辛苦被折磨，不論是切菜、炒菜，基本功難不倒我；比不上其他學徒的，就只是不熟悉調味料與烹調的搭配。

既然別人不教、不說，就自己想辦法「偷學」。從那時候開始，我一定隨身攜帶小筆記本，因為英文不好，加上義大利料理的食材有些不同，只要聽不懂的外文菜名就記下來。像是主廚一喊「Rosemary」，起初就算聽到也只能楞在現場，但是，我不只筆記本寫下拼音，還會留意其他學徒拿的是什麼蔬果或香料，隨手寫、慢慢記，再趁空班時聞聞那些香料的香氣、研究一下香草的外型。

一次兩次三次，聽久了，有些廚房用語開始可以猜到其中一二，也越學越有興趣。我用了最簡單的「勤能補拙」方式，從剛開始聽不懂英文，很多菜名、香料都不認識，透過數年來打下的基本功，在哪些不足之處努力，很快就進入狀況。

短短不到兩星期時間，只要主廚一開口，我就能馬上反射動作，甚至是用跑的去拿食材，漸入佳境，也受到主廚們的「愛用指派」。這些工作細節，最要感謝的是過去那些師傅們的訓練，才能快速學習有所成績。

找到最愛的「原味」義大利

雖然曾在張慶松師傅的義大利餐廳歷練過，即使在國際飯店不被承認或認為不夠正統，但卻是我跟義大利料理的結緣，這次可以跟著外國師傅學到「正統」料理的機會，更讓我立定志向繼續鑽研。

事實上，選定義大利料理學習前，我也嘗試過不同菜式，像是日本餐廳對料理的精雕細琢，有些裝飾難免要用到雙手塑形，各式操作工具也沒現在發達，這種功夫對粗手粗腳的我並不適合；而法式餐點講究細緻多工，慢工細調，如同藝術品般，和我求速度的個性不太合；所以一遇上義大利菜，真像是找到知音。

就像電視中常看到英國原味主廚傑米・奧利佛（Jamie Oliver）隨性、自然的作風，隨手一把香草、食材就往鍋裡倒，調羹攪一攪，快速上菜，不禁讓人懷疑這樣做料理真的可以嗎?會好吃嗎?

但食材天然,作法看似簡單隨性,卻仍然有獨特學問與堅持,最重要是還講究「原味」,不須添加一堆醬料,也不用雞精、味素提味,這一點給我很大的震撼,原來不用過多的添油加醋,就能展現食物味道。

當兵前我曾待過台式牛排館,早年台式牛排館都選用價格最便宜的阿根廷進口沙朗,一客售價只要一百二十元。為了增加口感,沙朗切過後,要先敲成薄片,再放入用蔥薑蒜、糖、嫩精或木瓜精做好的醬汁中,整箱鋪好鋪滿,讓牛排入味並且軟化肉質。

等到隔天顧客點餐時,已經放了一夜、吸飽醬汁的牛排,再以乳瑪琳、洋蔥煎熟,同樣肉汁飽滿、非常美味!當年的餐廳學徒,就是師傅怎麼教就怎麼學,很少在意添加物的安全性,更別談現代人最注重的食安概念。

直到跟著老外主廚做菜才知道,原來好的牛肉,只要灑點鹽巴,再擠上檸檬汁,或再以胡椒提味,就很美味。

除了料理方式大不同,在飯店廚房還有很多「義大利進口」用品、餐具,最重要是,還有我對義大利歌劇的偏好,讓我對「義大利」的生活、料理,各個方面更是好感度倍增,深深著迷。

02

偷嘗鍋底的滋味

「義大利人根本不是這樣做菜的！」

跟在朱利安諾．格薩里的身邊學習，翻新了我過去的味蕾體驗，
也對做義大利菜有了全新認識。
只是主廚不教，怎麼辦？

在國際飯店的規格與高度，讓我大開眼界，但真正的義大利料理啟蒙老師，是在麗晶酒店（現晶華酒店，以下均稱晶華酒店）的Cafe Studio，遇上傳說中的義大利名廚朱利安諾．格薩里（Giuliano Gasali），還有後來的日本籍主廚和義大利籍主廚共同管理義大利餐廳，我在他們身上也學習到很多道地

正統的義大利餐。

尤其是朱利安諾，他曾擔任亞都麗緻大飯店及晶華酒店等五星級飯店的義大利餐廳主廚，在台灣就出版好幾本義大利料理書，對義大利菜的推廣，也是一號人物。

偷嘗鍋底的滋味

一開始跟義大利人學煮東西，覺得他們東西都超好吃，常常有一種感覺，「原來這就是番茄義大利麵啊～」但隨之而來的另一個疑惑是，「到底以前吃了什麼？」當年台式牛排館賣的義大利麵，只有黑胡椒、番茄蘑菇醬兩種選擇，都是重口味的醬料，還有朋友曾跟我討論，奇怪，每次吃紅醬義大利麵都會「胃溢酸」，不得其解。

到這時候我才明白，義大利人根本不是這樣做菜！義大利麵的番茄紅醬，可是義大利人的驕傲，要用新鮮番茄、或是當地原裝原顆的番茄糊才是關鍵，根本不是用番茄醬充數。

跟在朱利安諾的廚房，激發了我的好奇心與學習心。不只重新認識了義大利料理，也翻新過去的味蕾體驗，開始養成「義大利口味」的味覺。

早年的外國主廚們，都是飯店特別從國外聘來，名氣大也自視甚高，在廚房內都專業十足。只是他們是被聘請來做菜，而非把餐廳當廚藝教室教我們做菜，有些自己的獨門配方或作法，也算是個人的料理機密，我們這些學徒別說學習了，就連語言都不通怎麼請教？

既然沒人肯教、可以教，當年也沒有網路可以搜尋，我們幾個學徒又超想學，怎麼辦？

果然我們幾個臭皮匠，想到一個方法：因為主廚們完成料理後，常常鍋子一丟，就由學徒負責清理工作。而這些鍋子上，都會有菜色所殘留的醬料味道，我們每個人在洗鍋前，都用手指頭沾來嘗一下，記住那個味道，等有空再互相交流。

有時我們就趁著主廚休息，幾個學徒一邊收拾廚房時候，慢慢探索味道，互相問：「你吃到什麼味道？」、「剛剛是不是多加了一點什麼香料？」、「我剛注意到大蒜放了四顆……」大家就這樣一點一滴，慢慢記下來，等沒人的時候，就依樣畫葫蘆，去復刻那個味道。

門縫裡學來的提拉米蘇

義大利知名甜點提拉米蘇的作法，我也是這樣學來的。曾有留學義大利的一個顧客來吃過後，特別說要跟主廚聊一下，當面稱讚我說：「很道地，在台北很少吃到這麼義大利的口味。」

說起學這道甜點的背後故事，也很有趣。

話說朱利安諾後來離開晶華酒店，在從事義大利進口的「敦化女王」邀請下，擔任她開設的義大利餐廳主廚。於是朱利安諾找了幾位台灣小學徒過去幫忙，我也是其中之一。

這家餐廳雖小，卻請了三位義大利人，除了房子不在義大利、不是義大利人蓋的，從進門踩的地板、握的門把，店內設施幾乎全都是義大利原裝進口。據說，當年為了完全移植當地義大利風情，連工人都是跨海找來。而且餐廳的員工制服也是義大利進口，是老闆直接在自己的進口服飾店挑選，出手相當闊綽，一套制服的價格比我當時月薪還高。

裡裡外外的高規格，讓這家餐廳也成為我心目中夢想店面的雛形。

話說回來，每當朱利安諾要做提拉米蘇時，都會把我們三個小鬼支開，但是我們根本沒地方可去，索性就躲在門後，從門縫裡偷看，記錄主廚使用什麼材料。

等主廚不在，廚房就是我們的天下了！

我們三人就開始把自己看到的細節重新測試，有些材料比例不太確定的，就派我檢查目前冰箱剩下多少食材來推算，像是一定會用上的蛋、瑪沙拉酒、馬斯卡彭起司……，我們就靠著自己偷偷做，慢慢嘗試到「像主廚做的味道」。

當然，這些都是早期的土法煉鋼，也因為這些經驗，讓我日後更樂於分享，讓更多人學習正確的烹調方式與撇步，也可以從中讓自己更進步。

橄欖油的聞香練習

接觸更多外國廚師後，我也開始明白要成為一位專業廚師，保護自己味覺「很重要」，絕對不能像早期為了熬夜，師傅還「分」我檳榔，說吃點才能撐得住，更加不能過度酗酒，這些都會傷害味蕾。

最重要還有一點，那就是我開始透過這些記憶與味道，建立自己的味覺地圖，這些功夫都是自己的，誰也偷不走。

講到味覺的練習，以專業侍酒師為例，必須做很多的「戒斷」練習，以保持口腔中的味道，除了戒菸、連薄荷口味的牙膏、香水都不行，甚至還有人去吃土，嘗嘗那是什麼味道。

事實上，味蕾確實可以透過後天的訓練培養，外國人也有一套學習方法。簡單說，就像是現在很多人喜歡喝咖啡，有些咖啡師、店家會介紹說這支咖啡豆的特色，可能是花果香氣、堅果、巧克力、煙燻……各種不同的風味。

成為行政主廚後，我上了很多橄欖油相關課程，去品油、做味蕾的練習，當時每天都要喝油，去感受不同的味道差異。

其中有些味道是我們不熟悉的，需要透過引導與學習。例如上課時，老師現場可能會問：「請大家聞一下三號杯，聞到什麼味道？」然後要大家開始回答，可能有人聞到淡淡的檸檬香，接著老師會帶著大家一起「回味」，還是那應該像柑桔香呢？或者，有沒有一點杏桃味道？

所以，我家到現在還有一組橄欖油「聞香」訓練的器具，共有七十幾種味道，每個都小小一罐，聞香的訓練便是拿起瓶子來嗅聞各自是什麼味道。只要常常訓練，就會慢慢熟悉不同的味道，可以感受其中細微之處。

尤其有些歐洲進口的香料、水果，我們會感到比較陌生，就算發現某種味道，卻叫不出名來，所以一定要透過訓練聞香的方式學習，對這種味道留下印象，才會埋入記憶中。

有趣的是，我們以為要學習很多不同的味道、正常的味道，其實聞香練習中也有「壞掉」的味道，像是霉味、鐵味。想想也有道理，這樣才會知道自己所使用的油品是不是走味、壞掉，不至於傻傻分不清楚。

我家也有外國名廚！

自我學習的方法真的很多。我常做的一道是「奶油馬鈴薯燉菜」，許多員工都吃過。

這道菜的作法相當簡單，把洋蔥、大蒜切碎，鋪在烤盤底部，切一點奶油，放進馬鈴薯（只要對切、再劃上格狀不要切斷），再倒入動物性鮮奶油，灑上鹽巴、豆蔻粉，蓋上錫箔紙，先烤一段時間，拿掉錫箔紙再烤至上色，就完成了。

有一天，有名員工對我說：「師傅，我昨天看到外國電視節目做奶油馬鈴薯燉菜，真的跟您做的一模一樣耶！」我當場聽了突然有點無言。

因為我是「台灣人」，因為這菜出自我的手，員工都沒感覺這是一道「外國料理」，有時大家也可能聽久了疲乏，覺得是老王賣瓜，不當一回事。至於這道菜如何學來？是我自己看電視美食節目，又看著外國主廚學到一些技巧後，自我訓練而來。

在國際大飯店工作，我的外語能力不如人，加上廚師上班時間長，也沒時間再去補強外語，於是我先背熟許多每天用到的廚房用語，至少先聽懂外國主廚在說什麼，要什麼食材或者香料、烹煮方式。從簡單口令開始，每天跟著外國主廚工作，慢慢聽懂一些簡單對話、廚房用語，熟悉後也能說上幾句，並且從中明白這些主廚的烹煮技巧。

因為當時我迷上義大利料理，充滿好奇，也開始買專業食譜書來看。最常跑去世貿樓上的桂魯書局，和基隆路上的品度書店，在這兩家書店都可以找到許多專業的工具書。

我不喜歡讀書，卻喜歡看食譜書。這些外文專業餐飲食譜，雖然不一定看得懂全部意思，但是食譜書有些規律，容易理解，還有菜色照片，都能幫助我更加了解義大利菜、很多專業的廚房英文，我也同時透過專業食譜及雜誌，快速累積很多技術和知識，像是哪些作法順序可以讓食物原味呈現，或者一些特殊食材的配搭可能，這些都是在廚房內很重要的細節，也是在台灣的我們較少接觸得到的。

有時想想，現在的人真的很幸福，想學什麼料理，滑一下手指上網找就有影片，早期只有食譜書，還有許多婆婆媽媽可能還有印象的《傅培梅時間》以外，幾乎沒什麼烹飪節目，也沒有廚師上節目教做菜，現在大家耳熟能詳的《美食鳳味》、《型男大主廚》都還沒製播。

看外國影片自學法

直到有一天，我剛好在家轉電視，突然看到我家「第四台」（早年有線電視）播放一個外國烹飪節目，我當時非常驚喜，從此「媽媽追劇，我追烹飪節目」，直到在凱悅飯店（現君悅飯店，本書以下均稱凱悅）上班，因為班表調整，沒辦法準時收看這個烹飪節目。

但是這個節目真的讓我學習很多，該怎麼辦才好？

有天我經過住家附近水電行，看到「錄放影機」，新機型還提供「時間預錄」功能，真是太好了！我趕緊買回家研究，先設定每一集外國烹飪節目播出時間，固定錄下來後，回家就可以重看。

這樣的情節現在聽起來，有點匪夷所思，但對當時的我，可是非常重要的學習管道。只是，錄著錄著，我也發現，這樣不是辦法，到處堆滿錄影帶，要找哪一道菜，都得花費許多時間，或憑記憶搜尋。

我又想到一個法子，應該要像食譜書一樣，按照菜色分門別類：比方說海鮮我就把它錄到海鮮的錄影帶中，依此類推，沙拉、甜點這些分類……

聽起來簡單，早年要把這些錄影帶轉錄，可是大工程。因為無法預期節目播出內容的菜式，我又買了一台錄放影機，每天看完節目錄影後再分類，轉錄到另外一支錄影帶上，每天光是為了要先看完這些節目，再把節目按照菜色分類，至少都要花上兩個鐘頭才能完成！

雖然下班後，還要自己「加班」轉錄帶子，但是我還滿樂此不疲的，因為過程中，又像是複習了一次這些菜式與作法，一次看不懂，看兩次、三次，就可以猜到其中一二。這樣的錄影帶分類工作，我不厭其煩做了超過一年。

媽媽看我這樣好像有點傻，每天下班這麼累還要花時間做這些事情，很像是「白廢工」。但我總是和她說：「這就像是請了外國廚師在家教我做料理，多棒啊！所以少睡一點沒關係。」

一邊看節目，我還會一邊做筆記，無形中更了解外國廚師烹飪時用的食材，或是香料、調味料的應用順序，因為我常常看主廚在做新菜，為什麼要放這些食材，或為什麼選用這個香料，原來都有特殊意義，而透過影片的學習，不僅加深印象，也對道地的外國料理更有概念。

「台上一分鐘，台下十年功。」學做菜，沒有捷徑，看著外國人做菜，慢慢培養自己對食物的熟悉與敏銳度，這些感覺都是從每天做錄影帶分配的時候，不斷看、不斷吸收累積而成。

所以我常跟員工說，他們現在很幸福，現在網路資訊很發達，多看外國廚師的烹飪節目、影片，一定會有所收穫。

03

在凱悅 Ziga Zaga 的披薩區練功

感謝當年討厭我的副主廚，
讓我用整整四年時間，只做一件事——把披薩做到最好。
沒想到，我不只烤出心得，也成為日後創業的契機。

現在大家熟知的我，是披薩店老闆。為什麼開始做披薩？其實在晶華就有接觸，但直到在凱悅飯店工作，我才真正卯起來練功。

至於我為何每天烤披薩？坦白說，就是因為當時跟一位香港副主廚在工作上有了摩擦，他沒有權力要我離職，只能把我趕出廚房、丟到 Ziga Zaga 的披薩區，看我會不會自己識趣，主動離職。

如今想想，這也算是一種職場霸凌吧！但當時沒想那麼多，就算被孤立也沒關係，我只知道，「我很喜歡凱悅飯店，也要做到第一，絕對不能因此被打倒。」無論如何就是咬牙做下去！

很多朋友都知道，我對凱悅有著很深的情感，即使已經離開二十年，至今我始終記得一句話，「台北凱悅飯店（Grand Hyatt Taipei）是台灣飯店中的飯店。」這可不是廣告詞，是報到當天，員工手冊上寫的一句話。

一般員工手冊中不外乎載明公司對員工的要求，但全球連鎖的凱悅不僅要求軟硬體達國際級水準，也鼓勵我們「每位員工都是最優秀、最棒的，所以在做任何事情時，一定要做到最好、而且是第一個做。」

要當第一不想被看衰

我被「第一個」這幾個字深深打動，也激起滿腔熱血，因為一直以來，我就是用力學習、做到所有主廚的要求。這種精神也深深影響我，甚至往後做很多事情的時候都會先想，還有什麼是沒人做的，我都要做第一個！

但是我對披薩一竅不通，凱悅與晶華所使用的烤爐也不相同：晶華起初曾用木頭烤披薩，後來改用電爐，溫度比較穩定；而凱悅一概都用木頭烤披薩，增添香氣。我為了快點上手，找出當年的錄影帶、買書看，還向認識的同行師傅請教，從頭學起。

真的就是自己土法煉鋼，每天不停的做，以烤爐來說，每天站久了之後就了解烤爐內部的溫度分布，知道哪個角落的溫度高，如何自己手動去調控內部溫度，大概一兩個月後就抓到那個訣竅，也慢慢習慣，正應驗了台語俗話說的：「戲棚下站久了就是你的。」

沒想到，當初將我調職的副主廚發現，奇怪，怎麼調過去一個月了，我還是沒有離職的打算。他這次更把事情做絕，用人力調派的名義，把其他同事調到廚房，原有三個人編制的披薩區，只留下我一個人。

這下子包括備料、到烤麵包、出菜，等於都要一個人包辦所有裡裡外外的工作。「我就是不離職！也不想被看衰。」我心裡下定主意，除非公司要我走，否則不想就此放棄。

從阿弟仔年代在廚房，加上牛排館的歷練，「不怕苦」、「不怕累」就是我的強項！所以我也開始擬定自己的「作戰計畫」。一般餐廳有些配料可以事先準備，但偏偏這裡的義大利主廚規定，不管是披薩或佛卡夏麵包，通通都要現做。於是我便每天提早兩個多小時到公司，先做好準備工作，趕上餐廳營業時間。

Ziga Zaga 一開幕就躋身為台北的潮餐廳，是很多時尚人士跑趴聚餐首選，尤其遇上小週末或是假日，更是一位難求。餐廳生意好是好事，但也意味著準備工作時間要更長，有時候甚至得提早四到六個鐘頭到飯店準備。

我慢慢建立起自己的工作流程，雖然一刻都不得閒，但是每個動作和環節越來越順暢、上手。算算平均一個晚上，可以烤上一百片到一百五十片十二吋的披薩，還有兩百顆左右的佛卡夏麵包。

從烤爐的火開始研究

既然要跟烤爐「相依為命」，那麼除了食物以外，最先要了解的就是「火候」。我上班時間就是得要站在爐邊，無時無刻看著那個火、觀察烤爐溫度，麵包、披薩在不同位置的溫度變化。

像是木頭（當時使用杉木）放進去窯裡時，從火焰到燒至通紅、火力變小，看著它從黑的燒到變白，大約一個半至兩小時。我必須時時注意每個微小的變化，需要交叉判斷的還有爐床的顏色、炭火的亮度……，如何讓烤爐發揮最大效用、烘烤的黃金時間，加快上菜速度，如何調整準備動線，也讓自己製作披薩的技術越做越好。

另外，我也很善於運用「道具」來改善「製程」。「工欲善其事，必先利其器」，像是為了烤佛卡夏，還去點心坊借來下面有洞、略有歪斜的烤盤，原本該淘汰的烤盤，麵包坊也樂得給我處理。

我的作法是，每次十幾顆麵包進爐，看爐火方向，例如火在左邊，就把麵包丟在烤窯左邊，噴水後，再用工具撥動底部不平整的烤盤，讓烤盤慢慢自轉，這樣就可以讓麵包平均受熱，不會受到爐火大小影響。

像是爐台上常常會沾上生麵粉，使得下一份披薩、麵包底部又沾黏爐台，底部容易烤焦。然而爐台必須維持溫度，熱烘烘的，也不能有任何閒置時間，要小心燙傷、不要延遲出菜時間……還有什麼可以快速整理的方法？

我開始測試很多不同的打掃工具，有的太短、搆不到烤台深處；有的材質不天然，畢竟食物很怕被污染有異味……終於，最後選定一種傳統公車、遊覽車清掃用的大支鬃刷，這種刷子不會沾粉又安全天然。這個大鬃刷就是由我率先使用在清理披薩烤台上，至今很多披薩店也沿用。

日復一日，不間斷的學習與越見熟練的技巧，大約兩個月左右的時間，我開始抓到烤披薩的訣竅，如何讓每一份披薩的熟成度相同，還有餐點出菜速度順暢，好像做出興趣，而且越忙越快樂，就像是挑戰遊戲的每個關卡順利過關，很有成就感。

我在凱悅的披薩區熬了四、五年，當時怎麼也沒想到，這竟然會成為我創業開店的契機。

一個人做三個人事

後來發生兩件事，更讓我知道，原來自己已經明顯進化，而且獲得認同。

其一，是來自外場經理、副理和同事的回饋。只要我輪休回來上班當天，就會聽到同事來跟我「投訴」，「昨天你一休假，披薩區安排了兩三個人，結果披薩出的亂七八糟。有的客人等太久，有的烤過頭了，真的一團亂！」從中知道同事們喜歡跟我配合，對我做的披薩品質也讚譽有加，真的很開心。

另一件事情是，有一次來了三位外國人，他們站在披薩區前，先問我：「這些披薩都是你做的嗎？」我回答：「對，所有披薩都是我做的。」其實，我心裡想的是，「這裡就我一個，你有看到我的同事嗎？」

不過，他們對我手藝的不信任就寫在臉上，私下討論一下，只先點了一個披薩。等披薩烤好，送到客人面前，他們就站在披薩區前直接吃起來。

看這幾個外國客人吃東西的表情，從當初的懷疑不信任到吮指回味，我就知道：「成功了！」果不其然，他們各吃完一片後就馬上說：「你做的披薩非常非常的好吃，而且很義大利。我們再點兩份！」於是，這三個外國客人共吃了三個不同口味的披薩，還透露他們都是義大利人！

原來，客人的肯定是廚師最大的動力，一點也沒錯！而且我的手藝還獲得真正義大利人的稱讚，讓我覺得所有辛苦沒有白費，也更有信心，想努力把披薩做到完美、做到極致。

凱悅，我心目中永遠的 No. 1

因為太喜歡凱悅，真的很不想離開，尤其像我這種沒學歷、沒背景的人能進去，實在很難得。因為不想走，所有的苦就要概括承受。現在想，要很謝謝當初討厭我的副主廚。

當初到凱悅面試，讓我見識到國際連鎖飯店的高標準、高要求，光是義大利餐廳，除了有義大利主廚把關菜色味道，還特別從泰國凱悅借調一位年約六十歲的師傅來支援；為了餐廳內外營運順暢，也有國際凱悅的行政總主廚及總部派來的高階主管，親自在台灣指導坐鎮。

除了各餐廳對料理的要求，飯店的門面很重要，眼見所及，從地板到天花板，看得見的閃亮亮裝飾、手扶梯、欄杆，到看不見的牆角，打掃公共區域的阿姨總是不厭其煩的每天不斷擦拭，不能有灰塵。

這點如何證明？就是我在凱悅工作那四年，每天看這裡的設施裝潢都已經三、四年了，怎麼每個地方和角落都還是很新，保持開幕不久的簇新感覺，相較很多飯店可能兩、三年時間，就顯得陳舊。

想偷工被行政主廚抓包

再華麗漂亮的飯店，如果菜色不及格，應該也沒有客人想再上門。在凱悅，主廚的認真與嚴謹，也是第一。雖然我已經有多年的相關經驗，主廚交辦的事情很快上手，不過每天也都是戰戰兢兢。當時曾經發生一件令我難忘的事。

印象最深的是有位英國行政副主廚布萊恩（Bryan），舉止、說話就像我們印象中的英國紳士那樣，但在廚房裡面的他總是格外嚴格，別說放水，一點點的味道不對，都是「重做，再煮一次」。

每天開始供餐前的十到十五分鐘，布萊恩主廚都會準時出現在廚房，仔細檢查準備工作是否確實，同時確認餐點味道，他的標準動作就是掏出隨身的湯匙，每道菜都一一試吃。

那天，布萊恩主廚剛好試吃到我做的白酒醬，他面無表情的嘗了一口，直接說：「倒掉，重煮。」也不廢話。我當時嚇一大跳，想說都快來不及了。他還是用一貫的語調糾正：「今天的白酒濃縮程度還不夠。」

「他的味覺也太敏銳了，連我哪個環節沒做好，都吃得出來。」我心裡這樣想，手上動作不敢鬆懈，馬上重做。這次我在煮的時候，特別注意把白酒濃縮成三分之一的量，再加入動物性鮮奶油，重新按照比例依序完成醬料。

事後回想，雖然心裡超擔心，但是並沒有任何不開心，反而很佩服布萊恩連這麼細微的味道，只嘗一口就能馬上抓到錯誤的重點，從此更加小心處理每一道料理。

又有一次，我負責準備馬鈴薯泥。眼看著時間來不及，就把原本要切大塊煮的馬鈴薯切薄片，以節省煮熟的時間。等布萊恩主廚走到我這裡，吃了一口，又叫我重新做一次，他說：「你今天為什麼把馬鈴薯切這麼小塊去煮？」

「這實在太神奇了！」聽主廚這麼一說，我自己心裡這樣嘀咕，真是嚇壞了。他根本沒看到料理過程，怎麼可能吃一口就識破！為了驗證到底味道的差異何在，我事後還自己特別做實驗，真的把馬鈴薯切薄片煮，雖然很快就熟透但是澱粉就會被水稀釋，吃起來就少了濃郁的馬鈴薯味道。

這幾次的震撼教育，對我成為一位好廚師真的非常受用，很感謝布萊恩主廚的指正，學習到要把每道料理、每件事做到最好、不偷工的廚師精神與工作態度。

我把這樣的態度內化在自己身上。不容許任何一點的小失誤，每件事情的每個細節都要求做到百分之百，而且力求完美，在這些自我要求下，凱悅很快就成為許多台北人心目中的第一，也是我心目中永遠的第一。

04

華國洲際的「謝主廚」

「Yes, Chef.」戴好主廚的高帽子，
穿上白帥筆挺的制服，繡著自己的名字「謝宜榮」，
那一天，我的主廚夢想在華國洲際飯店成真。

我有一個夢——一個成為主廚的夢，希望有天能像外國行政主廚一樣威風。我把夢想放在心裡面，總覺得那個夢想還很遠。

不是我妄自菲薄，只是很快看清現實。在國際大飯店的很多同事，有些從小在國外讀書、或到歐洲學餐飲、旅館管理出身，不論是家世背景、專業學習

或語言能力都有過人之處；明白自己的不足之處，讓我更清楚，如果也想要擁有一片天，只有更努力累積經驗、更努力工作，才能成功。

慶幸的是，當我決定往義大利料理方向前進時，躬逢其盛，不少飯店請來義大利主廚，算是早期第一批能「第一手」學習的廚師。加上在凱悅做了四年後，越來越得心應手，原先看我不順眼的副主廚不再時時緊盯。當時我的位階相當於領班，雖然只是個小廚師，但也樂得自己工作，直到有一天，機會終於來了！

令人頭皮發麻的英語口試

那是民國八十八年左右，從同業口中得知，華國洲際飯店的義大利餐廳在找主廚，問我要不要試試。一聽到有這麼好的機會，我輾轉透過當時飯店內的一位經理，順利獲得面試機會。

華國飯店原先是家本土飯店，第二代接手經營後，正逢國際連鎖飯店集團進軍台灣，於是在民國八十六年加入全球連鎖洲際集團，成為洲際集團旗下在台的第一家飯店，當時便以「華國洲際」為名。

當天負責面試的是餐飲部副總監黃先生，他是位印度華僑，外表瘦瘦高高，從髮型到鞋子都一絲不苟，看得出自我要求甚高，如果不開口就是一般華人的樣貌，但是他的眼神相當銳利，一開口就知道是位外籍經理人。

那天我整整「被關在」他的辦公室談了兩個多小時！他真的是我至今遇過最會面試、最恐怖，也最佩服的面試官。我第一次感覺到，在裡面的每一分、每一秒都如做針氈，每一個細節，他都要問得清清楚楚，每個問題又非常犀利，讓人直冒冷汗。

「說說，你上國中時印象最深刻的事？」、「為什麼不想繼續升學？」、「你跟同學的互動如何？跟老師相處呢？」、「有過什麼挫折，那你後來怎麼解決？如果又重來一次呢？」常常我還在怎麼回答，或者回想當時的情境，下一個問題就已經又丟出來。

「你開始工作後，在哪些地方做過？那裡的主廚、同事怎麼樣？你每天都在做些什麼？」、「當時的師父教了什麼？離職原因是什麼？」、「你發生跟同事不和狀況，怎麼解決？」、「你的拿手菜是什麼？還有哪些？說說你怎麼做的。」、「如果當上華國洲際的主廚，你要怎麼做？」每個問題都很直接，而且緊跟著下一個「為什麼？」鉅細靡遺，一個問題接著一個，沒有任何喘息空間。

黃副總監全程以英文口試，但我熟悉的都是一般廚房用英語（Kitchen English），所以萬一遇上無法回答的英文，就硬著頭皮用中英穿插表達。整個過程真的很燒腦，為了回答，我得自己先在腦裡中翻英，還要撈出很多記憶，幾乎把自己這一生，都在那個辦公室裡重演一次。

我瞬間閃過一個念頭，「這根本是拷問吧！快點下一題結束，不然我不要面試了！」甚至想要奪門而出。

就當我覺得筋疲力盡時，突然，有人敲門了。這幾聲「扣~扣~扣~」敲門聲，真是我人生聽過，最悅耳的聲音之一。原來是黃副總監的祕書進來報告，下一個行程時間快到了。

當下，黃副總監總結了這次面試，只留下一句，「如果我們決定聘請您，會另行通知，請您回家等候通知。」走出那個辦公室大門瞬間，我頓時整個人終於放鬆，就像出爐後的舒芙蕾，整個消風倒下。

中了頭彩般的一通電話

走出飯店大門，耗盡所有力氣的我只有一個念頭，「好累！這兩個多小時，比上班二十個小時還累。」當下覺得自己不會被錄取，除了因為英語表達不夠貼切、加上經歷可能還不夠資深，都不是飯店理想中的人選。但轉念一想，至少已經盡力，不僅用上畢生會的所有英語，也表達自己的想法和理念，至於其他就聽天由命吧！

兩天後，我剛好輪休在家。接到一通電話，「請問，您是謝先生？」「對，請問您是哪位？」對方回答：「您好，這裡是華國洲際飯店人事部，我要恭喜您前來飯店擔任主廚的職務……」其實，當時我聽到這句就已經樂瘋了！

「我是主廚了！我是國際飯店的主廚了！夢想終於成真了！」我在心裡吶喊著。

但是，再次過去飯店細談工作內容與細節時候，人事部主管也明說：「因為您沒有擔任國際飯店主廚的經驗，所以頭銜雖是『主廚』，但實際上，只能提供副主廚的薪資與其他禮遇。」

「沒問題！」一直以來，我就被灌輸，工作不要計較錢多少，所以一口答應，畢竟是「當主廚耶！」高興都來不及了，感謝老天爺看到我的努力，終於等到這個機會！

說真的，那是我人生中最高興的一天，在那個年代，像我這樣沒有背景、沒有藍帶、也沒有飯店管理背景的人，能夠破格被這樣的國際飯店錄取，真的非常難得。那種心情，就像是中了頭彩吧！

廚房人力吃緊我來補位

成為華國洲際飯店主廚後的快樂無法形容，但就是全力以赴。報到後，面臨的卻又是另一場震撼教育。

位在中山區的華國，成立於台灣的六〇年代，顯見老闆很有遠見，但數十年下來。整體設備已經有段時間，不管是地點、廚房，都比不上許多信義區的新飯店規模，而且當初凱悅的建置是國際總部派出五十人大團隊來管理，洲際這次卻指派不到十人來到華國，整體文化移植自然不能相比，也無法吸引更多主廚前來。

所以，為何錄取我？說穿了，並非我特別厲害。即使華國有「洲際」的加持，但許多主廚的首選還是凱悅，接著是晶華、西華，或者遠東香格里拉，但這也就是我能出線的機會！

即使薪資待遇低於行情，只比領班多一點，但向來我最自豪的就是，「很肯做」，只要給舞台，絕對全力以赴！

只是，一走進我的廚房舞台，才發現要面對的，是更多的殘酷現實。

首先，原本有七個人的編制，算算包括我才小貓三隻，一半人數都不到。人數明顯不足，那怎麼出菜、供餐呢？所以，造成另外一個大問題。

那天快到中午供餐時間，原本穿著西裝的餐飲部法籍總監，竟然換上廚師袍、圍裙走進廚房。我真的驚呆了，以為自己看錯！

總監說：「因為人手一直不足，所以之前都是我來做菜。」

天啊！這是我在前幾家國際飯店工作時，前所未聞、未見的景象，「怎麼可能讓高階主管進來幫忙做菜？」

當下我馬上對法籍總監說：「從現在開始，這個廚房由我負責，全權處理。」一半信半疑的他，當天還是幫忙出菜。但我已經下定決心，只此一次、下不為例。

第一天，我就把整個廚房都摸得很清楚，馬上進入狀況，就像每到一個新廚房會做的工作一樣，先盤點廚房內的各項資源，從食材到硬體、空間環境到動線，也拿出在凱悅所學的那一套，重新分配每個人的工作……。

主管稱讚我「Excellent Job!」

人力雖然非常吃緊，我相信自己扛得起，這樣的自信來自過去的磨練，還有「肯做」。第二天上班開始，每天早上八點前就到飯店進行準備工作，直到晚上整理好廚房，安排好明天的備料，大約快深夜十二點才下班。

只要是上班時間，我一換上制服後，都沒有片刻休息，就是一直維持速度感。在廚房走動一定是「咻~咻~」的速度穿越，沒有時間慢慢走；工作的速度更不用說，以前的訓練讓我知道如何多工、掌握工作節奏。

看到我從第一天就全力以赴投入工作，法籍總經理、英籍副總經理，還有餐飲部法籍總監都看在眼底，很快的，才接管廚房不到一星期時間，法籍總監就把我找去：「我決定幫你加薪一萬元，試用期三個月後再加薪一次。」

我有點受寵若驚，因為才去上班沒幾天，就被通知加薪訊息，而且總監的祕書透露，破例幫我加薪的簽呈上，只有一句評語，「Excellent Job!」這也是我一輩子都記得的榮耀！

人事部總監事後也告訴我：「做 HR 這麼久，要老外寫 Excellent 是很難得的事。而且你來害我被總經理念，為什麼開幕一年多，才找到像 Tom（我的

早年每逢過節時候，飯店都會特製精美的宣傳，從總經理到各餐廳主廚一起拍下賀歲照。

英文名字）那麼優秀的員工！」

跟外國人工作，讓我見識到國際飯店與外籍主管們賞罰分明的一面。這次的加薪事件，面試我的黃先生覺得沒有這種先例，但是總監下令要加薪，又不能不准，最後批准只加七千元。不管怎樣，錢多錢少沒關係，最重要的是主管們的肯定，我對黃先生還是充滿感謝，畢竟是他的聘僱，才有今天可以表現的機會。

我的努力被看見了，從此信心大增，在工作上更有成就感，而且加倍努力。不到半個月的時間，廚房人力補齊，餐廳生意越來越好。甚至原本一直無法更新的設備，總監也答應幫我多加一口爐子，讓餐廳運作更為順暢。

最重要是，法籍總監再也不用換下西裝，進廚房幫忙。有天他把我找去辦公室，「我想把二樓另一家餐廳的主廚換掉，你有沒有意願，或者人選？」這樣的肯定我當然很開心，只是手上的廚房才剛上軌道，我向當時的副主廚葉承欽說起此事，他躍躍欲試，問這個機會可不可以讓給他？

我毫不猶豫，便去幫忙爭取。法籍總監只有一個條件：同意副主廚挑戰這份工作，但是兩家餐廳都由我來管理。

從不休息的「驢子主廚」

我覺得自己很幸運，同事也很有實力和責任感，大家都非常支持我，我在工作上得心應手、一切順利。只是從未當主廚的我，在一個月內面臨這麼多的重責大任，同時管理兩家餐廳，為了穩定廚房工作及餐廳品質，連續兩個月沒有休假。

對我而言，在華國上班，就算早上七點到晚上十一點，當然算輕鬆啊！十六、七個小時怎麼跟當年的四、五十小時比，我根本不覺得累、特別辛苦，或是委屈，不管誰來關切，一概都說：「我覺得OK啊！」其實我這麼拚命的背後還有一個重要原因——因為有人賞識才輪得到我，我一定要更加認真，讓長官們知道，「用我絕對是對的選擇！」

有一天，法籍總經理問起餐飲部的法籍總監，「Tom（我的英文名字）何時才要休假啊？」連面試我的黃先生也被總經理問候，「什麼時候才要讓Tom休假？」

最後實在是黃先生被長官們問到受不了，他直接下令，「重點不在於你自己要不要休假，對外國人而言，他們的工作理念就是，該休息就休息。」

副總經理雖然很欣賞我的工作態度，但私下也有過一句評語：「Tom就像『驢子』。因為驢子都不會累。」因為這些事，讓我對外籍主管們的脾性與工作態度，更加理解，也開始「休假」，並且打算在華國洲際大展身手。

Part

2

那些廚房
教我的事

What important things
that I've learned inside kitchen.

05

媽媽的廚房

媽媽的廚房開啟了我對味道的探索，
還有對料理的興趣。
然而，我在國中畢業後，
也走進了人生第一個餐廳廚房。

成為國際飯店的主廚後，常會有人問我，是不是家裡有人當廚師，或者從小味覺特別靈敏，才能當主廚？我的答案總是「真的沒有」家學淵博，只是我從小「愛吃」。

認真說的話，還有一個原因，那就是對我而言，「廚房」從來就不是個陌生的地方，只是從「愛吃」到「做吃的」，這是一條漫漫長路，也改變了我的人生。

從小為了愛吃，老待在廚房

身為老么的我，爸媽叫我「阿榮」，家中還有兩個哥哥、一個姊姊。小時候，家裡只有兩個房間，爸媽、姊姊一間，兩個哥哥和我一間。

爸爸的皮膚非常黝黑，是個「做工的人」，負責裝潢木作部分，所以家裡的家具、椅櫃，都是「爸爸牌」。他是那種很傳統、威嚴，不用說話，只要一聲輕咳、一個眼神，就把我們都嚇得皮皮挫，若是我們不聽話，甚至還會拿皮帶抽，所以大家都皮繃很緊。

媽媽是個平凡的家庭主婦，在五、六〇年代，台灣是全球製造工廠，所以她常常會做些家庭手工，像是代工縫雨傘布、做塑膠花，以貼補家用。

在這樣的傳統台灣家庭，媽媽每天在家就是不停做家事，料理三餐，非常平凡。我家的餐桌菜色更是家常，因為爸爸做工勞動，是體力活，所以早餐一定是清粥小菜，其他時候就是大家熟悉的炒青菜、滷肉、豆干、肉絲、蛋炒飯啊這些料理，簡單不花俏，偶爾也會包水餃。畢竟在那個年代，能吃飽最重要。

從小別說上餐館了，唯一打牙祭的機會，就是永和住家附近的夜市小吃，但是「因為要花錢」，所以大部分時候，我們吃的都是「媽媽牌」。因為我和哥哥、姊姊年紀差距較多，大家都上學去了，平常家裡就是我和媽媽兩個人，從小看著媽媽在廚房忙近忙出的背影長大，家事也都是四個小孩分攤，沒有因為是男生、或老么就有特權，所以很多廚房活，都是從小耳濡目染。

奇怪的是，一般小孩不愛待在廚房，不僅悶熱，刀火無眼，其實也有點危險，但是我非但不怕，還很喜歡。有句俗話說：「怕熱就別進廚房。」或許，這點也算是老天爺賞飯吃吧！現在想想，應該是因為剛出爐的美食誘惑，勝過其他所有。反正只要當媽媽的小幫手，就可以優先「試吃」，也不管會不燙到，反正「吃，就對了！」那也是小時候最快樂的廚房食光。

為家人煮食的那份心意

電影《總鋪師》中，料理醫生葉如海（楊祐寧飾），有句經典台詞：「就算是番茄炒蛋，每個媽媽做出來的味道都不一樣。」每個人的心裡，都會有一道家的味道。

媽媽親手做的每道菜，我都喜歡，尤其各種應節的米食料理，更是她的拿手絕活，像是一年一度的端午節粽子，在旁邊等著粽子起鍋，打開蒸蓋那瞬間，香氣撲鼻而來，從白色煙霧中拿出一顆顆的附滿水氣的肉粽，光想都會肚子餓。

還有過年時候的傳統「炊粿」，也是我跟媽媽的共同記憶之一，從磨米、到瀝乾後的「粿粹」，做出手工湯圓或年糕，每個步驟都不能跳過偷懶，不然口感就會走味。

對現代人來說，自己動手做「年糕」，實在費工，上市場、量販店買現成的意思意思就好；但媽媽始終堅持，直到這十多年來，才因為年紀大了，體力、精神不如以往，不然她還是親自為家人做年糕，像是一個儀式，也是她對家人的一份心意。

我的童年記憶都是用各種時節的美食連結而成。清明該吃潤餅、尾牙吃刈包、冬至要吃湯圓……。自己的家常口味，稱不上是功夫菜，但都是阿嬤傳給媽媽，一路傳承的手路和味道。最重要的是，那份對家人的用心，對料理的堅持，也在我的心中埋下種子。

辦桌菜吃的是童年記憶

因為從小愛吃，所以每次吃喜宴辦桌，可是難得打牙祭的機會，我肯定不會錯過！每次想到都會口水直流，浮現那種喧鬧的畫面。

穿梭各桌間不斷上菜的水腳，「燒喔！」的聲音不絕於耳，滿滿桌上的菜餚，迅速打包的媽媽們……直到「佛跳牆」上桌！

這道菜可是當時我最愛的料理，只要佛跳牆一上桌，就開始緊盯著，眼巴巴等大人撕開包覆在甕上的那張糯米紙，香氣撲鼻而來。而且盛這道菜總有一種挖寶的感覺，一舀下去，滿滿的料，什麼都有——散翅仔，鬆軟的炸芋頭，還有一咬下去就散掉、粉比肉厚的炸排骨酥，炸到皮都皺皺的鵪鶉蛋，魚皮、栗子，或者有的還有雞腳筋……。

這道菜現場吃很澎派；打包回家當菜尾，加熱後更是美味，彷佛所有配料菁華都融化在裡面，湯頭更加濃郁，拿來拌飯也很讚。只是現在大家年菜都吃膩了，但我仍是最懷念這道辦桌菜。

現在有很多高級版佛跳牆，不管是主打特級鮑魚、烏參、干貝、花膠等高級食材，我還是不為所動，就是要那種傳統的、小時候的味道，才對味。

「味道，是一種記憶。」我對此深信不疑。有時候，不是用最高級、最新鮮，或者進口食材，才能烹煮出最美味的食物；是否合口味，其實非常主觀，「美味」的定義，有時候跟你最初接觸，或者記憶中的味道密切相關。

從小時候愛吃到長大當上主廚，為人烹煮無數，我常自問：「美味」是什麼？原味料理、無添加，還是自然養生？每個人定義不同，但是我知道有一種讓人光想就會微笑的滋味——「一種記憶的味道」。

放牛班畢業，然後呢？

只是愛吃，就能成為主廚嗎？當然沒那麼簡單，多的是說得一口好菜的人；不過我從媽媽的廚房走進餐廳的廚房，其實是瞎打誤撞，而這一切要從我國中畢業那年說起。

民國七十四年，台灣經濟起飛，是「台灣錢，淹腳目」的年代。就連原本工作不順的爸爸，工地邀約也越來越多，媽媽還常對我說：「你這個孩子帶財。」言語間充滿期待。

所以媽媽「為了我好」，特地把我的戶籍從永和轉到台北市，覺得會有更好的學習環境，只是偏偏我並不愛念書，甚至還背著爸媽做了一個人生中的大決定——因為當時同學之間有個傳聞，升上國三時可以選「職業班」，就不用念書考試了！

我一聽到覺得這真是太適合自己了，還主動向老師登記，果然也如願「順利」轉班，只是後來才知道，這就是俗稱的「放牛班」，但為時已晚，就這樣混完國中最後一年，聯考也只是應付一下，就沒有再升學，每天在家裡蹲。

爸爸實在看不下去，「反正你也沒事，跟我去工地好了。」雖然我當時個頭還小，但就是跟著大人學習、幫忙遞工具、跑跑腿。只是沒幾天，看著風吹日曬的爸爸，我心裡更加佩服，但也打定主意，對這個工作沒興趣，就不再跟著去工地。

我又回到家裡混的日子，這次換媽媽看不下去。那天早上，媽媽去市場買菜，拎著大包小包回家就急忙對我說：「剛剛經過永和竹林路中信百貨（現已拆除）一樓，看到餐廳門口貼著一張紅紙，上面寫著『徵學徒，無經驗可』。你要不要去應徵看看？」

「餐廳學徒？」可以做菜、吃好料，好像不錯，我立刻騎著腳踏車直奔餐廳，「請問，是不是有在應徵學徒？」餐廳的人馬上請主廚出來，問有沒有帶個人履歷？我當時沒面試經驗，什麼都沒準備，於是他拿了一張白紙給我，寫下個人資料和聯絡方式。

就這樣，看起來有點潦草的應徵方式，而主廚也只看了這份「履歷」一眼後，就答覆：「一個月四千元，月休四天，每天早上九點工作到晚上十點，下午有空班，如果可以，明天早上就可以來上班。」

每天工作時間長達十三小時，這時空換到現代還得了，但當時一心只想著有工作的我，也沒多想，馬上答應！

「我找到工作了！」但當時沒想到的是，那一天，從「愛吃」到「做吃的」，從此改變了我的人生。

06

廚房裡的「阿弟仔」

人生走入的第一個餐廳廚房，從此成為我一輩子工作的地方。
要去餐廳上班前一晚，爸爸對我說，
「阿榮，呷頭路，大家攏係『呷一怨一』。
你要記得『呷一惜一』。」

一輩子只做廚師這一種工作，雖然也曾經迷惘過，起念是否要轉行，但至今沒有再做過其他行業，就是踏踏實實的把廚師工作做到好、做到極致。我想，這跟爸爸有很大的關係。

簡單四個字「呷一惜一」，珍惜每一個工作機會，是爸爸一輩子的工作體會，也成為我不管在哪工作，不管再辛苦，也會繼續堅持的座右銘；猶如踏實、勤懇，也是爸爸給我最好的遺傳。

爸爸教我「聽師傅的話」

還記得上班第一天，充滿期待又提心吊膽的走進餐廳，三十幾坪的廚房，只有我和其他兩位師傅共三人。一進廚房第一件事，師傅交代先「換制服」。反正我年紀最小又最菜，所以師傅都叫我「阿弟仔」。

「阿弟仔！」一聽到師傅呼叫，我趕緊跑過去，他交代了第一天的廚房工作，先把廠商送來的菜和食材搬進廚房、接著洗乾淨後備用。本來覺得工作還可以，我就慢慢處理，沒想到，用餐時間一到，師傅們忙得跟打仗一樣，廚房像戰場，一點都不假，只是我什麼忙都幫不上，光是幫忙拿個菜、洗鍋子，把這些工作「做完」，就已經手忙腳亂，根本還想不到「做好」。

不過，廚房工作跟我想的根本不一樣！

九點就開始搬食材、整理，十一點開始準備營業，時間一到，大火一開，師傅們一直在「出菜」，料理很多，並沒有充滿菜飯香，而是令人難受的油煙味與悶熱，還有此起彼落的「點菜」、「叫罵聲」。

每個人都汗流浹背，但是廚房工作實在太多，反正師傅負責燒菜，其他就是學徒——我的工作。等到能喘一口氣時，已經下午兩點多，又餓又累，這時還不能休息，因為流理台滿滿用過的鍋碗瓢盆、鍋杓煎鏟，還在等著。

說穿了，「毫無經驗」的學徒剛進廚房就是打雜，我上班第一天就體會到「人少事多離家近」，早上九點不到就出門，晚上十一點才到家，像是一場震撼教育，就連回家後媽媽問道：「今天上班怎樣？」我都快說不出話，直說：「工作好多，真的很累。」

媽媽還是提醒我：「要好好認真做，聽師傅的話。」已經下工的爸爸也只說：「要勤勞、認真一點，不要怕吃苦。」

呷一惜一的工作態度

想起當時的懵懵懂懂，還有兵荒馬亂的廚房，要談有什麼工作態度，真的還說不上，只是一想起爸爸工地的環境，每天風吹日曬雨淋，就覺得自己這點苦算什麼，反正「做，就對了。」到了隔天早上，我還是乖乖去上班。

剛開始當學徒的日子，只要動作太慢、拖拖拉拉，或沒聽清楚請師傅再說一次，或問為什麼？那就完蛋了。師傅會先回敬三字經當發語詞，接著大吼，「我叫你怎麼做就怎麼做！」然後「一整天」飆罵不完的三字經，問候了所有人的親戚長輩。

被罵幾次後，當然就學乖。不想被罵，就是把自己事情做好；做不完，就早點來、晚點走。另一個方法就是，機伶點，不要被罵還回嘴。只要是師傅交代的工作，就只要回答，「好」，然後「閉嘴」工作。也因此，我開始養成超快動作，吃飯快一點、動作快一點，在廚房走路都是「咻咻咻」。

時時眼觀四面、耳聽八方，處於完全警戒的狀態。除了出菜要跟時間賽跑、還要時時面對師傅的教導，無形中也訓練出我的抗壓性。就像外國節目《地獄廚房》中，名廚戈登罵人毫不留情，就像是我在阿弟仔時代的工作寫照，原來東西方都一樣，學徒都是被罵出師的。

壓力大、常被罵，常有撐不下去的念頭。有一天，看到爸爸正在客廳看電視，我馬上蹭到旁邊撒嬌，「爸～師傅好兇，每次都要我做好多事，學徒就我一個真的很累，我不想工作了……」

話才說完，爸爸就回我，「我自己沒讀什麼書，人家給你工作是給機會，不要只是抱怨，要呷一惜一。」

爸爸沒有生氣，也沒有怨嘆，依舊看著電視，淡淡的說完話，就像沒事一樣。原本我只是想要取暖、發發牢騷而已，卻被當場打槍，只好摸摸鼻子走開，但心裡的OS是，「哼，那以後再也不要跟你講了！」

原本期待的「父子親情談話」，卻演變成一場「Men's Talk」。從此我開始練習自己思考問題，接下來該怎麼做，也養成習慣，以後不管遇到什麼事情，都學會不要抱怨，自己先去調適化解。

一年換二十四個頭家

工作約一個月後，師傅馬上又交付新工作，可以開始準備廚房食材，感覺進階了，更接近料理台一點點，我也自覺做得越來越得心應手。

直到有一天，餐廳老闆忽然說要收店！那時候，我才當學徒剛滿一年，就要換工作，也算是職場初體驗。

在三十多年前，廚房裡的功夫大多是師徒制，靠師傅手把手，帶著學徒到獨當一面。過程中，平常合作習慣、喜歡的徒弟就成為自己的「班底」，不管師傅到哪都帶著；對學徒而言，反正跟著師傅走，教什麼、說什麼，就學什麼、做什麼。

所幸，當時的我雖然傻傻的還沒開悟，但算是聽話又動作快，所以師傅就帶著我「換工作」，這也算是另類肯定吧？「那就跟著師傅走吧！」我想。

在我的學徒生涯，除了遇過餐廳收掉，師傅帶著「班底」投靠別家餐廳，如果有些師傅小有名氣，還會遇上挖角。當然也有跟餐廳老闆相處不太好的狀況……反正就跟著師傅一起換頭家，業界俗稱「吊鼎」（台語），字面上直譯就是把鍋子掛起來，也就是廚房師傅不做了！

如今想想，這種業界的「習慣」，常造成許多餐廳老闆困擾；廚師是一家餐廳的靈魂人物之一，有時候我們上館子，突然覺得味道不對了，也都會想是不是換了廚房師傅。

所以，這些年來，我也一再提醒自己，不管到哪工作避免帶走徒弟，就算有人想跟著，還會好好勸說要想清楚，畢竟每個人都有自己想法和路要走。最重要的是，要為自己的選擇「負責」。

我覺得，在職場上，不應該是主管離開、你就跟著走；每個人會特別喜歡跟誰工作，那是因為磁場相近，當然會相處愉快。只是，講直白一點，大家都可能會變資深、變大尾，如果一直跟著，結果就是無法進階或升職，對於個人成長反而會有所局限，各自發展或許會有更好的結果。

當了兩年的「阿弟仔」，我一直跟在第一批師傅身邊，也慢慢習慣彼此作業方式，但是媽媽卻總念叨：「一年換二十四個頭家，回家吃尾牙。」她無法理解，為什麼我一直在換工作，我總是說：「是師傅換（工作），不是我！」真的很無奈，我們這些學徒跟著走而已啊！

不過，那時候還有個原因是，媽媽對師傅很有意見。因為我常會提到，師傅們在空班時間打牌、吃檳榔、喝酒習慣，「近朱者赤，近墨者黑」，媽媽擔心，這個兒子的廚房功夫還沒學成，就學了一身酒氣，所以一再勸我換工作。

在廚師之路的養成上，一個好的師傅會引你進門，就像是人生的導師，這是後來遇上張慶松師傅，才深深體會一位師傅的重要性，也提醒著自己在廚房要注意自己的身教與言教。

07

搞砸的員工餐

在張慶松師傅的廚房，我看到不一樣的師傅典範，
也在他身邊養成許多好習慣，這些都是成為好廚師的基本功，
也成為這一輩子受用的禮物。

「那你前兩年都學了什麼！」每次聽到張慶松師傅這樣說，都會讓人腦袋一片空白，我已經夠沒自信還要被這樣罵。

師傅在講，我都有在聽啦！自從跟著張慶松師傅那天起，過去所學的全部打掉重練，因為做不好一件事情，就可以被念一整天，所以要不記得也很難，

而他所交待的每個細節，我也慢慢內化，用身體去記憶所有指令與指導。

擦拭得閃亮亮的廚房

當我決定不再跟著第一批師傅四處流浪後，正巧看到報紙徵人啟事，找到一家新開店 Old New，這是由 ATT 集團戴老闆早年開的餐廳，位於忠孝東路四段，這在民國七十五、六年可說是全台北最棒的義大利餐廳之一。

Old New 的菜式是比較符合台灣人口味的日式義大利菜。當時股市狂飆、經濟看好，台北市的忠孝東路三、四段像是不夜城般，儘管餐廳林立，但店裡幾乎每天客滿，比前兩年待過的任何一家餐廳生意都好上數倍。

主廚是業界赫赫有名的張慶松師傅，每次看到他，總是挺直腰桿，穿戴整齊潔白的廚師衣帽，架勢十足，身上也不會沾滿油漬醬料。他的嚴格，從服裝打點、對廚房的整潔要求可見一斑。

報到第一天，才走進廚房，「哇！」真的像劉姥姥進大觀園，就開始東摸摸西摸摸，不僅設備、員工制服幾乎都是日本進口，而且非常乾淨，「怎麼可能有廚房能夠沒有油煙，又一塵不染？」我心裡想。以前不像現在資訊傳播發達，參觀其他廚房的機會不多，但真的第一眼就讓人喜歡上這個廚房，覺得這裡的料理一定很好吃！

相較於這裡，過去的工作環境顯得簡陋多了，規模也差很多，尤其賣吃的環境難免會有蟑螂，甚至有些萬年油垢怎麼刷洗也清不乾淨。但是這裡的廚房設備、料理台，無不擦拭到閃亮亮，甚至廚房地板也不會黏答答，常常下午空班時間打掃完，鋪上紙板便能就地午休。

學會控管冰箱食材

見微知著，廚房硬體都能如此要求，張師傅對徒弟的訓練更是高標。起初他常會突然問：「阿弟仔，蒜頭放哪裡？」這當然不是師父記性不好，更像是隨堂考，要立即清楚的回答：「蒜頭放在冰箱第二層，靠近中間位置。」接著他又會問：「那剩多少？」我要趕緊回覆：「還有半公斤。」

通常這種對話問答都是連珠炮式的，答案要清楚明白，反應要直覺，不能支支吾吾，稍有延遲。

當師傅又問：「冷凍庫的牛肉還有幾條？切好的有多少？」我一邊回答，

可能下一個問題又馬上丟出來，「那蔥放哪裡，還有多少？西芹呢？」這種時候，只要一停頓，師傅就開罵，「這點小事都記不住！」

每天都要來幾次這種記憶大考驗，剛開始不太適應。不過，因為這樣的訓練，也意外讓我養成「過目不忘」的本事。

早年這些廚房師傅帶人，都很嚴厲又很會罵。學徒要耐得了苦、挨得了罵，現在想想，還要心臟夠大顆，不然早就落跑了。

後來跟著張師傅每到新環境的第一天，我就會將冰箱裡的所有食材全翻出來，盤點確認，而且只要看過一次，就會記得還有哪些食材，剩下多少、放哪裡。這樣做有點花時間，但是從當下開始，所有的標準都改由我來訂定，就像是廚房裡的冰箱總管，最清楚還剩下多少食材，也會提醒同事優先處理，避免浪費。這點習慣，我至今還是很堅持，就連家裡的冰箱也是這樣管理。

在張師傅手下做事，除了冰箱食材管控外，最考驗記憶的，還有每天的廚房工具，包括鍋子、夾子放哪裡都要記得。像是每個師傅都有固定使用的砧板或刀具，用餐時間過後，所有用具都堆在廚房裡，我就開始配對工作，誰使用哪塊砧板，還有七、八把刀要給對師傅、放對地方。

最重要的是，每一把刀都要慢慢的打磨，如果沒有磨利，師傅晚上切菜、切肉不夠銳利時，又會開罵！在張師傅的廚房，我慢慢的從這些基本功重新練起，每天每天打磨。

想想，我在廚房裡的刀工和廚藝，也都是這樣「磨出來的」。

師傅的信任是最大動力

民國七十幾年台灣景氣正好，像張慶松師傅這樣的一位好主廚更是搶手，我也跟著一路轉戰板橋水晶宮牛排館，因為受到信任，所以除了管控食材、冰箱，巡檢廚房的開關，包括瓦斯、水、電等，都是我的工作，每天下班前一定要確實做好做到。

平常我都是最後下班，一項項檢查完畢才回家。那晚，我騎著腳踏車回到永和，都已經深夜十點半了，才剛進門，忽然想起剛剛瓦斯「好像」沒關！這件事情非同小可，被師傅罵是一回事，如果發生什麼萬一，演變成公共安全事件，問題就大條了。

我整個人像是嚇醒一般，趕緊告訴媽媽：「我要回餐廳檢查瓦斯。」就立刻騎上腳踏車，用生平最快的速度騎到板橋。回到餐廳後，又全部重新檢查一次，水、電、瓦斯確定都已關妥，才騎車回家。

這樣來回花了兩個小時，剛開始是驚嚇過度腎上腺素狂飆，又進到家門已經整個人虛脫。有句廣告詞說：「痛苦，是成長的開始。」最能表達我跟著張師傅學習的心得，畢竟對十多歲的我而言，事事以他為榜樣，更何況師傅的要求是對我的信賴，哪怕沒日沒夜也要使命必達！

員工餐是對食材的尊重

只是和張師傅的關係，最後竟然因為一頓飯而鬧翻。這一切都要從最後的那頓員工餐說起。

小時候我以為只要到廚房裡工作，就可以吃香喝辣，事實並非如此。當我們餵飽了每個客人的肚子，自己吃什麼呢？很多餐廳有些不成文的規定，向來都是由學徒準備員工餐，這樣做有很多好處，比較不會有剩食的問題，學徒也可以磨練一下廚藝。

煮員工餐並沒有想像中簡單，每天都要想如何利用剩下的食材煮出一道道美味佳餚，最好不要經常重複，畢竟沒人喜歡一直吃到重複沒有變化的菜色吧！

我曾在別家餐廳輪流做過做員工餐，第一次可以碰到鍋子為大家煮飯，既興奮又緊張，在這之前得先在家裡練習，特訓一下，請爸媽試吃。

那次是準備十二個人份的員工餐，由師傅開菜單，口述指導作法，只能靠平時看師傅怎麼做，依樣畫葫蘆煮一遍。

那天的員工餐是炒飯，十二人份很大一鍋！炒蛋、配料、白飯、調味都下好後，我也想學師傅那樣帥氣的翻鍋。沒想到，我根本手勁不足，深呼吸後用力一翻，三分之二的炒飯都翻到鍋子外面去了！

整個爐面都是散落的飯菜，我差點被自己嚇死，真是太恐怖了，只能用慘不忍睹形容。第一次想表演翻鍋，就真的整鍋飯都被翻掉！還好，我瞄了一下旁邊，太好了，師傅不在！鬆一口氣後，馬上把弄亂爐面清理乾淨，恢復原狀，當作什麼事都沒發生過。不然，被師傅看到一定又罵到臭頭。

跟著張師傅後，也沿襲這樣的習慣，由幾個學徒輪流煮午、晚兩餐，每餐固定三菜一湯，多餘的食材優先使用，不足的部分再叫一些蔬菜或肉類、海鮮來補足。

只是那天輪到我煮晚餐，剛好進門的張師傅才扒沒幾口，就問誰做的：

「這你煮的？是給豬吃喔！」在當場十幾個人的面前開罵，我突然覺得委曲，也不知道哪來的勇氣，竟然奪門而出，心裡跑出一個聲音，「我不要再回去那個廚房！」

沒多久，很照顧我的副主廚過來看看狀況，我哽咽著講不出話，只擠出一句，「主廚說成那樣，我不做了！」接著也不管副主廚挽留，還很俗辣的請副主廚轉達，擦擦眼淚直接換回便服，就騎車回家。

那天晚上，我離開了餐廳，也離開了最尊敬的張師傅，之後輾轉到別家餐廳工作才體會到，還是很想念張師傅的調教，像是在他的廚房不會有油垢、冰箱食材不會亂塞……他還有很多很好的技術、觀念和廚房衛生習慣。

「不合理的要求是磨練」，我在張師傅的訓練下，養成許多好習慣，這些不僅是是成為一位好廚師的基本功，也是一輩子最受用的禮物。

08

牆角的37袋洋蔥

在廚房裡工作，我不怕吃苦、抗壓性高，又學習力強。
當年廚房的很多操練現在看來不可思議，
但是，這些終究都只是過程，是我日後成為主廚路上的重要練習。

我的工作態度，大多是看著爸爸背影學的；我的廚房習慣，則是跟著張慶松師傅期間重新養成。那頓搞砸的員工餐，師傅的責難讓我備受打擊，心情難以平復。自從那天離開張師傅，直到重新回到他的廚房已經是兩年後的事。

這段期間，有師兄弟介紹了華新牛排的工作。這家店算台式牛排前輩，當時全台擁有八家連鎖店，類似現在風行的孫東寶牛排。

一開始，我在目前華視旁邊的分店上班，每天生意強強滾，除了洗不完的餐具和牛排鐵盤，還有切不完的肉排和蔬菜，假日生意更可以達到平日的兩倍之多。所以在華新牛排的廚房，總有出不完的牛排、豬排。

所幸之前的訓練，讓我有自成一套的工作方法，從熟悉冰箱、動線開始，主要是我的專注力與抗壓性，不管到哪個餐廳都能快速上手，而且關鍵是，讓老闆看到我的努力。

剛開始每到用餐時間，前台訂單一直來，後台出菜速度得跟上，不然讓客人久候，晚上檢討少不了又一頓排頭。掌控出餐速度，對動作快的我不是問題。上手後，廚房師傅乾脆把我調去中央廚房幫忙，負責每天供應公司旗下所有餐廳的主要食材，包括千島醬、黑胡椒醬、蘑菇醬和洋蔥湯等，還有西餐的外燴服務。

從此切洋蔥不再流淚

在華新牛排上班這一年多，工作量之大堪稱人生之最，也真正見識到這行的辛苦，其中兩次「驚」驗更是至今難忘。

當時中央廚房位在地下室。那天一進門，就看到堆滿一面牆高的洋蔥，實在太壯觀了，心想，「今天被分配到的人就慘了。」於是我趕緊換了工作服跑去旁邊做其他事，故意躲得遠遠的，一邊開始盤算，今天請假、輪班的學徒還有誰，雖然心裡猜想八成是自己，但心情上只想逃避，一整個不想面對。

果然！才工作到一半，就聽到有人大聲叫我。「師傅，什麼事？」我趕緊跑過去，他只說：「把那些洋蔥弄一弄。」我當然不敢討價還價，結果只會討罵，既然師傅都交代了，只好硬著頭皮做。

雖然這不是第一次處理炸洋蔥絲，但過去都只處理幾袋而已，頂多十袋已經很多，但這次一數完差點昏倒，發現足足有三十七袋！換算每袋洋蔥約二十二．七公斤重，所以那堆洋蔥山就近八百四十公斤之多，是平常工作量的三倍之多。

至於為何會突然出現這麼多洋蔥？主因是連假即將到來，需要較多的備料存貨，而中央廚房必須為各餐廳完成洋蔥湯前段作業，提供炸洋蔥絲給各餐廳進行烹調。

一般炸洋蔥絲的處理流程，依序是去皮、切絲、醃鹽、脫水、油炸、放冷後包裝，這些工序要一氣呵成。但因為今天要處理的洋蔥量實在太大，我為了快點完成工作，決定先建立自己的SOP，模擬出的炸洋蔥絲程序是：洋蔥先剝皮，而且要很乾淨，盡量避免重複動作。接著切洋蔥絲，這個有機器可以處理，便可以同步處理醃鹽的動作，再過水洗掉後脫水、甩乾水分，便可下鍋油炸。我在腦袋中跑完流程中，就先找來廚房裡的各種大桶，每個步驟都是三十七袋完成，再進行下一個動作。

我先從去皮開始，一邊計時，剝一袋洋蔥要十五分鐘左右，但過程中最痛苦的是，我一剛開始剝洋蔥就眼淚直流，嚴重影響進度。沒想到，處理完第一、二袋後，淚流滿面的我竟然習慣了，還是眼睛都已經麻痺，不得而知，但總之不再一直流眼淚！至今碰到洋蔥都沒在怕的，就算放在眼前也沒關係，都要感謝這三十七袋洋蔥的「薰陶」。

話說回來，我一邊做就已經心裡有數，要把這些洋蔥全部處理完，至少得花上一天一夜。於是一刻都不敢鬆懈，只能加快速度，沒有幫手，也沒時間休息，等打包好最後一袋炸洋蔥絲，收好廚房，走出地下室要回家時已經「天亮了」！我已經不眠不休，整整忙了將近二十四小時。

七十二小時連續工作破紀錄

沒想到，我一進家門，剛起床的媽媽劈頭就問：「都幾點了，是不是又半夜跑去打撞球，不知道打電話回家！」

我連反駁都沒力氣，指著一身的油漬，簡單說了白天那三十七袋洋蔥的故事，媽媽才說：「怎麼都沒人幫忙，這種工作沒日沒夜，太辛苦了。」每次提起這段往事，媽媽總是講，我就是最「苦力」（台語：勤勞）的那個孩子。

在華新的中央廚房工作，只有忙不完的事，不再有以前的空班情況，光是處理那三十七袋洋蔥，熬夜一天一夜還算是小Case，逢年過節還曾經連續備料三、四十小時的次數，根本都數不清。

總之進到廚房就是不停的工作，可能當時才十七、八歲，體力正好，只有在睏得受不了時候，因為太累瞇了兩、三小時就又起來繼續工作，印象中最長工時高達連續七十二小時！

像這麼長工時、繁重的工作量，我有時候也會想，當初到底是怎麼走過來的，很多學徒都落跑走人，若換成現在的時空背景，應該沒人願意做，甚至公司早就被投訴。看來，不怕吃苦，也是要在這行繼續下去的一個特點吧！

兩千人炒飯怎麼做？

繼洋蔥事件後，我再次遇上驚人的工作量，是世貿中心兩千人份的自助餐外燴訂單！是不是光想人數就令人頭皮發麻？

就廚房準備工作來說，中西餐的外燴處理邏輯不太一樣。中餐的食材很好計算，以辦桌為例，一桌十人，那兩千人就約兩百桌，每桌一隻雞、一尾魚、一尾龍蝦……。此類推。但是，西式自助餐的備料，並非這樣估算。

舉例來說，兩千人外燴的概念就是包括基本的湯、炒飯都是兩千碗，再回推要準備多少米飯，這些都要重新仔細計算，再來評估當天準備的菜色與時間，像是兩千串的培根捲蘆筍，哪些部分可以預做，但最多只能提早兩天，避免食材走味壞掉。

遇上這麼大一筆訂單，確認菜色後，師傅馬上分配工作，「阿弟仔，你負責炒飯。」剛聽到時我一愣，過去最高紀錄不過是準備十二個人的員工餐，這次兩千人份要怎麼做？而且炒飯只能當天現做，中午就要供餐，時間怎麼夠？

只好硬著頭皮請教師傅，「師仔（台語），這麼多人份的炒飯怎麼做？」師傅回我，「那當然不能用炒的！」他才開始解釋專業作法。說穿了，與其說是一次「炒」一百人份的炒飯，其實，這些飯是用「拌」的！這就是師傅傳授的祕技。

不過師傅也只是簡單說完作法，細節、比例還是得自己摸索，真的要問師傅怎麼做的，也是「自己想辦法」，再問下去，頂多是靠「經驗」、憑手感這樣的答案。

工作越繁重越考驗應變力

具體來說，為了準備兩千人份的炒飯，我先盤點手邊有兩只五十人份大飯鍋，一次可以煮一百人份的白飯，全部完成共要二十次。等飯煮熟時，我還可以同步準備哪些材料、或者洗菜備料，這些小動作都是要靠一次次的練習，不是無腦工作，否則三天三夜也做不完。

所以我在供餐前一天就開始思考，要完成這兩千人份的炒飯，要準備多少雞蛋、三色豆、火腿等基本配料，廚房裡有哪些設備是我能用的，其他還有哪些是師傅要用，食材、設備確認，還要回推大概多久工作時間。最後我決定凌晨兩點起床，摸黑去餐廳開始準備，進行這個大工程。

說菜簡單，真要自己做，光是炒個蛋，油一定要夠才會香，而且這一百人份的飯全都得靠這份油去拌開。因為傳統師傅都是「靠感覺」做菜，所以我也只能自己「實驗」。而且最令我意外的是，一般認為炒飯就是要靠鍋子的熱度和鑊氣，才能有獨特的香氣，但是師傅教我「拌」出來的飯，竟然也可以像炒飯那樣油油亮亮，而且還很好吃。

最後，我依照自己設定好的工作流程，直到完成兩千人份炒飯。當時雖然是冬天，但是因為一直站在熱鍋邊，不停的切料準備，又很吃力的進行攪拌工作，所以衣服濕了又乾，乾了又濕，重複至少五、六次。

直到完成那分量驚人的兩千人份炒飯，有顏值、有口感，感覺自己又學到一招，原本的辛苦都煙消雲散，很有成就感。尤其當我想起自己第一次炒飯，就把一大半飯炒到鍋子外面去的笑話，現在真的大有進步！

在華新中央廚房的那段日子，因為工作繁重，讓我開始去規畫並且實驗自己的流程，這得歸功於張慶松師傅的訓練，從冰箱的食材管理開始，讓我在處理大量訂單時，可以迅速掌握重點、補貨備料，不至於手忙腳亂。

或許有人會覺得這樣的學習很緩慢，沒有更好的方法嗎？有人說，最好的管理學習就在現場，廚房工作也是。用心在繁雜工作中，訓練自己的工作流程與速度感，磨練出自己的手感，還有最重要的應變力，善用手邊工具快速的一次次達到目標。

每次成功克服新的挑戰，完成任務，我都感覺自己像是升級一般，正往廚師之路更進一步，再也不是當年那個打雜的阿弟仔了。

09

廚師的另類勳章

廚藝和刀子一樣，要天天打磨。
即使每天面對刀火油煙，不怕熱、不怕苦，
就像每個廚師都遇過的刀傷、燙傷，
這也算是一種另類的職業勳章吧！

「啊！」每次在我的廚房聽到一聲慘叫，只要發生「刀傷意外」，我都會立即上前幫同事進行簡單的「檢傷分類」，進行止血SOP，再檢查傷口的受傷程度，建議該上醫院，或自行上藥即可。這可不是特異功能，也不是我上過急救課程，真的是自己「久傷成良醫」，也算是我當廚師的另類專長吧！

對我而言，「進廚房不只要不怕熱，也要不怕刀」，一些熟識的朋友都知道，我的左右手大拇指不對稱，左邊略短一點點。這就是十五歲時候，剛進廚房的慘痛經驗。

切蔥削掉一塊手指頭

當時，我終於可以幫師傅備料，以前也沒拿過廚房這種專業刀具，更不知道原來這麼「利」，雖然師傅講了怎麼拿刀、怎麼切，看起來也很簡單，但我仍然掌握不到訣竅。當時，想抓緊一大把蔥就開始切蔥花，但是沒想到自己的左手，沒有跟上右手切蔥的節奏，就這樣刀起刀落，一聲慘叫，切到左手拇指的指甲一端。

當場血流如注，十來歲的我，整個人都嚇傻了，痛得當場哀號，不知道該怎麼辦。旁邊一個師傅看到，跑過來關心，趕緊檢查出血處，沒想到另一個師傅竟然大喊：「快點灑上黑胡椒粉！可以止血。」

我真的很聽師傅的話，趕緊找到胡椒粉一灑，不只沒用，痛到我直接哭出來。這點真的要鄭重呼籲，這是錯誤示範，胡椒粉絕對不能拿來處理刀割傷口！太可怕了。

以前年紀小又缺乏急救常識，只相信師傅一定有經驗，就傻傻照做。當時的傷口實在太大，加上又灑了胡椒粉的緣故，刺痛到我實在受不了，但也實在很天真，竟然只是忍痛找了藥局老闆幫忙處理傷口（還不是上醫院～）。結果嚴重到血流兩天不止，還會抽痛！最後因為傷口過深、又處理錯誤，那塊削掉的肉再也長不回來，只能恢復到目前的狀態。

削馬鈴薯皮比刀工

相信沒有廚師敢說，自己沒遇過刀傷或燙傷，這些都是難免，也算是一種廚師的勳章。

第一次處理傷口的慘痛經驗，激勵我更加勤練刀工，雖不免偶有意外發生，但不管是自己或陪著同事多次進出醫院後，慢慢學習醫師的處置方式，在日後遇上意外發生，臨場應變也綽綽有餘。

苦練刀工的我，在離開華新牛排後，到了鴻源百貨（前身為環亞百貨，現南京微風）樓上的迪斯奈西餐廳，更常以刀工來跟師兄弟們ＰＫ比拚。

插播一下，那個許多人未經歷過的風華年代。早在一九八八年剛開幕的「迪斯奈」，在餐廳秀的年代紅極一時，秀場的舞台比電影院還大，可以容納近千名觀眾，當紅的秀場天王豬哥亮、余天、廖峻、澎澎……還有劉文正，都曾在那演出過。

這類餐廳秀的最大特色，就是LIVE現場，明星就在舞台上表演，觀眾在台下欣賞演出一邊吃西餐。當然看明星是首要，吃東西其次，所以菜單很簡單，只有兩種選項：牛排或豬排。

早年台灣的牛排文化，可以用餐盤來簡單區分，高級西餐廳的牛排上菜時會漂亮擺盤，放在磁盤內還有配菜，選項包括丁骨、沙朗、菲力等，像是迪斯奈西餐廳。另一種台式牛排，就是鐵板為主的平民版，牛排醬就是蘑菇、黑胡椒兩種，肉的選擇也不多，我在華新牛排處理的就是這種。

在迪斯奈的廚房，為了排餐擺盤要準備許多配菜。尤其碰上熱門的廖峻、澎澎檔期，牛排、豬排約計要準備到兩千客。換算成備料，就代表著濃湯一天要準備兩千碗、奶油餐包一天四千顆，光是馬鈴薯一次要削八箱（因為用量大，隨時備有七至十箱），牛肉一次處理二十箱（每箱有六條，一條有三公斤上下，一天用量約二十箱）之多。

削馬鈴薯皮是學徒的主要工作之一。一般家庭都是用刨刀削皮，但廚師都是用西餐刀；這也是許多西餐學徒的基本功，完全手工處理，沒辦法以機器代勞，所以如何削得又快又好，就是刀工見高下。

因為我剛進廚房時曾切到手的陰影，為了這件事情還曾因此張慶松師傅激到，他說：「阿弟仔，你以前做兩年廚房還不會削（馬鈴薯）喔！」到了迪斯奈，我看清現實也逃不掉，其他學徒都用西餐刀削馬鈴薯皮，我也硬著頭皮開始慢慢練。

那時候的廚房有八、九個徒弟，難免都會競爭比較。為了挑戰自己的「弱項」，每次馬鈴薯一送來，我就說：「我要包一箱，大家都不准跟我搶。」就算大家都已經削完，我還是默默削，剛開始還是覺得有點害怕，因為一直重複動作，只能一直想著師傅教的，皮不要削太厚，要貼著皮，不要浪費，沒想到就越削越快。

熟練到內化的基本功

每天慢慢削、慢慢練，在那練了幾個月，我原來是學徒中動作最慢的那一個，後來削一箱二十公斤的馬鈴薯只要十幾分鐘，動作又快又好，每一顆都很規律又均勻。舉例來說，平常馬鈴薯一削好會丟到水中，避免氧化黑掉，不管多少人一起削，那些泡在水中的馬鈴薯，都可以找得回哪些是我削的。

這件事情讓我相當自豪，因為都沒輸過，沒想到，我當上主廚到了別家飯店，竟然有徒弟找我PK。雖然當時的「武功」已經荒廢多年，但手感還在，贏了比賽。原來基本功都已經內化，就像游泳一樣，已經用身體記住了。

從三十七袋洋蔥的操練，每天至少一箱馬鈴薯的練習，不管是練刀工、工作量，看到再多食材要處理我也不怕，我已經擁有足夠能力，也能快速切換工作模式，在腦海中演練處理方式、掌握處理食材的訣竅。

直到有一天，我還是被工作台上滿滿的大里肌肉嚇到，多達上百條，每一條還足足有三公斤重！

只要一看到大量食材要處理，我就會在腦袋裡開始「跑流程」，像是第一步，我先把所有托盤都找出來備用，處理好的肉排就可以隨即放入冰箱。接著，把一條大里肌肉根據標準厚度，一一切片，切完一條再一條；每一片都還要再拿肉槌均勻的敲薄，才能放上托盤。

因為肉排量實在太多，托盤又不夠用，就只能「疊疊樂」，把每一層肉排鋪上塑膠袋隔開，層層疊疊再放到冷凍庫。就這樣，不斷切肉、敲肉，切肉、敲肉，排好放冰箱……重複了整整一天，忙完又是大半夜了。

有時候覺得，廚房工作就像武俠小說練招式一樣，就是不斷重複，而且自己練功雖然很孤獨，完成時候卻很有成就感。不過，也是這樣的訓練，「吃苦當做吃補」，不管日後遇上再大的工作量，我也可以應付自如、獨力完成。正應驗了，你必須非常努力，才能看起來毫不費力。

10 綠島指揮官的「私廚」

在綠島當兵，意外練出挑選海鮮的一身本事。
如何在離島的有限資源中辦桌；
如何處理從未碰過的特殊食材……見證了很多具有時代性的人事物，
是最獨特的當兵體驗。

從媽媽的廚房，到台式牛排、義大利餐廳的廚房，我的廚房經歷中，有一段最特殊的經驗，那是當兵時被分派到警備總部位於綠島的指揮官招待所，那段日子真是大開眼界，也發生不少趣事。

不過，在當兵前有段前情提要，就是我終於如願回到張慶松師傅的團隊，算是另類和解，也了了我一個懸念。我對張師傅一直有著「一日為師，終身為父」的尊敬，就算在華新牛排，工作多、「練功」快，但心裡就是不踏實，也開始明白當初常被罵到臭頭，都是為了我好。

於是我苦苦哀求當時張慶松師傅的副主廚邱勢棠，副主廚轉述，主廚曾對我充滿期待，但是我憤而離職的事件，他還是耿耿於懷，只是看在當年的情分才答應，因此有個但書，就是不能再和張慶松師傅在豪景大酒店的同一個廚房，直接被派去咖啡廳學習自助餐。

直到當兵前一天，我依舊照常上下班，不過這次離開的心情很複雜，除了對未來的迷惘，心裡好像也隱隱知道，這次我們的緣分真的告一段落了。

招待所辦桌練功夫

在綠島期間，過去所學的、所歷練的都派上用場。因為我被指派到指揮官的招待所，並非一般軍隊中的伙食廚房，也可能因為遠在離島，所以即使是綠島最大指揮官的招待所，但廚房空間就像略大一點的家庭廚房而已，雖不豪華卻應有盡有。

即使臨時收到命令，指揮官當天要辦桌，也難不倒我。不管是蒸小龍蝦、回鍋肉、魚湯、炸肥腸、蔥油燒魚，反正不會做的菜，便打電話回台灣問師傅，每次都能澎派上桌。

在綠島的「菜色」有個特殊之處就是，海鮮多！雖然沒有本島一樣盛產種類豐富的蔬果，大海就是我們的冰箱，海鮮和龍蝦特別多，每天都是當地漁民的「現撈仔」，每次辦桌餐桌上的海味滿滿，也因此意外練就我挑選海鮮的一身本事。

只是偶爾也有碰上一些烹煮特殊食材的經驗！反正不會的、不懂的，就是請教別人，就像我一直以來學會自己解決問題的能力一樣，在這邊，更是要經常窮則變、變則通。

像是有些老兵記憶中的「香肉」，我也硬著頭皮為長官料理過。當時由學長準備食材，我負責問怎麼煮。只記得當時師傅提醒：「因為香肉羶味重，你先去準備一些中藥材，才能壓過味道，做三杯好了，這種作法吃佐料。」

我照著師傅傳授的步驟，一邊煮一邊念念有詞，「這不是我要吃的，阿彌陀佛，不要找我……」直到肉都快熟透的時候，更不敢試吃，就憑感覺下鹹淡，只想趕快結束這一切，這也是我第一次做菜沒有試味道，就把料理端上桌。

本來以為交差就好，沒想到，這道料理意外頗受長官們好評！從此一煮出名，以後辦桌都指名要我負責，這對阿兵哥來說，是無比殊榮，日子肯定好過多了，但是，馬上又來了一道難題。

把一頭活羊變成全羊料理

那次警總在東警部舉辦治安會報，出席的有二星、一星的將軍，還有警察、憲兵、地方法官的高層。因為會後有場餐敘，長官指名我過海到台東為大家辦桌。而且他開心的準備了一頭活羊，要煮成全羊大餐。

我看著這頭羊不知道要如何「下手」。有位學長建議，監獄裡臥虎藏龍，許多人身懷絕技，有不少「人才」，說不定誰會。

我們便請長官安排，到附近的岩灣監獄尋找高手。到了裡面一問，「誰會殺羊？」沒想到，現場的收容人全都舉手，「選我，選我」聲音不絕於耳。

原來這些人都只是想放風，於是在獄方協助下，挑了其中三、四個有相關背景的收容人，大家七手八腳，硬是把這頭全羊處理好，交由我負責料理，順利上菜，也算是好的結局。

在綠島的日子，雖不是每天都這樣刺激，但也不是風平浪靜，也有要看老天臉色吃飯的時候。每到颱風季節，船開不出去、菜進不來，難道就「巧夫也難為無米之炊」？當然不能！

我印象中最高紀錄是斷糧七天，這麼多阿兵哥、收容人可不能都餓著，這時候傳說中的「戰備存糧」就派上用場。真正的戰備存糧可不是那種乾乾的營養口糧，而是很多種類的罐頭，五花八門。我認為最美味的，就是軍用罐頭中的水果，還有荔枝、芒果口味，竟然能保留口感到這樣的程度，令人相當驚喜又難忘。

提醒自己「歹路不可行」

早年談到要當兵，大家都怕抽到外島「金馬獎」（指金門、馬祖），沒想到，我竟然被分配到警備總部二〇四梯次，更沒想到的是，當兵地點是——綠島，我就在那過了兩年。

警備總部隸屬於國防部，是台灣戒嚴時期的國家情治單位之一，一九九二年已經改制為海岸巡防司令部，成為國防部後備指揮部與海洋委員會海岸巡防署的前身。民國八〇年代的綠島之所以特殊，當然不是風景優美，是個熱門觀光景點，而是許多政治犯與「大哥」都在當地度過餘生。

還好，憑藉過去五年多的歷練，可以延續廚房工作，不至於生疏，比起要去監獄幫忙的學長弟們，也算是祖先保佑。一般來說，牢房內有自己的伙夫獨立煮食，伙食兵的工作是幫軍官們備餐，我則被分派到指揮官私人招待所廚房，而這位「指揮官」，就是負責管綠島上所有軍人的頭頭，地位相當崇高。

綠島生活，無聊也有趣，一般軍人是繞著操場跑五千公尺，我們則是環島跑。什麼故事、什麼人物都有。我聽過學長說，電影《監獄風雲》有些情節，真的就在眼前上演，像是犯人集體絕食、抗議，都是事實。

我的廚藝還算受到肯定，除了對指揮官的胃，還曾短期被派到位於土城的「台灣仁愛教育實驗所」短期支援。眾所周知，火燒島上除了住著許多大哥，自民國四十年起，大部分的政治犯也被送到這裡的「新生」訓練處，進行思想改造。而台灣仁愛教育實驗所也是早期臺灣白色恐怖時期，關押政治犯進行思想改造與勞動改造的監獄。

這裡是一所不像監獄的監獄，專門關政治思想犯，裡面就像一個小社區，還有迷你電影院、公園、小橋、流水，據說施明德與多位將領都曾「住」過這裡，而且這裡全部都是「套房」，裝潢很簡單就很像是公務中心的客廳。

除了政治犯，當年台灣掃黑，也有不少大哥鋃鐺入獄，就被送到綠島來。有時候看新聞報導，覺得這就是別人的故事，但是，現場看到當年叱吒街頭的大哥們，如今落得關在小小牢房內，也沒有一點選擇權，真的會覺得「歹路不可行」。

我的綠島小夜曲

在綠島的阿兵哥生活，也讓我遇上的此生的最愛之一——古典樂。

當時有位負責犯人心理輔導的「張老師」，邀請我到他的宿舍參觀，整套的唱機與整櫃的唱片令人歎為觀止，他還當場選了張唱片放給我聽，沒想到，音樂一出來，我頓時著迷……這首樂曲從此成為我的最愛。

那是已逝的三大男高音之一帕華洛帝主唱的〈卡羅素〉（Caruso）。不愧是「被上帝親吻過的嗓子」，所有美好的形容詞都不足以形容我當時的感動。

這一晚，與帕華洛帝相遇，他用美妙的嗓音為我開啟進入古典音樂的大門，更重要的是，這是我與義大利的初次邂逅，埋下對義大利的好印象與跟日後做義大利菜的種子。當然，這些對於當時沉醉在樂音下的我，都還太遠。

巧的是，愛樂電台主持人刑子青是當兵時的學長，還因為他結識多位愛樂的好朋友，甚至一起組了愛樂飯團至今，常常一起以「樂」會友。

而我對古典樂的瘋狂，在退伍後達到巔峰，曾經一年追過上百場音樂會；為了一睹帕華洛帝真面目，重砸一萬兩千元買了兩張票去聽。甚至還透過朋友毛遂自薦，希望有機會為來台演唱的偶像做菜，但最後當然是沒有下文。

回到現實，每天在綠島望海的日子，看不到邊際的茫茫大海，就像我對未來的茫然，擁有五、六年的廚房經驗，說短不短、說長不長，看似我在部隊很「吃得開」，但是否有足夠實力成為張慶松師傅那樣的帥氣主廚？

何況只有國中畢業，讓我更沒有信心、缺乏自信，心裡雖然有一股想要轉行的想法卻沒有方向；另一個原因是，在綠島當看到很多因掃黑而關在裡面的收容人，失去自由，只能在牢籠裡度日，就連吃東西都不能自己選擇。每天一直想，轉行要做什麼呢？既找不到方向也沒有勇氣。最後，我決定還是乖乖回去找廚師工作。

11 那些可敬的主廚們

從入行開始，我跟許多台灣師傅、外國主廚一起工作過。
除了廚藝，還有很多身教，
而外國廚師的行事與管理，
對我創業自己當家，也都是很好的榜樣。

二〇二〇年初，餐飲業最大的消息，莫過於「法樂琪」法式料理主廚Jimmy（張振民）過世了。

同樣是在天母起家，而結識這位台灣第一代法餐廚師老前輩。當時OGGI開業後，因為拿坡里披薩的話題引起熱議，住在附近的他也注意到，這家披薩店的人潮總是絡繹不絕而上門光顧，之後便偶爾到店裡找我聊天。

我相當尊敬這位前輩，畢竟他曾是台灣法式料理的一頁傳奇，雖然交情不深，但同樣身為廚師，對於料理的熱愛，不管是專業交流與管理經營，他總是樂於分享，有著聊不完的話題。

除了 Jimmy 是親身接觸的前輩，還有幾位台灣主廚的奮鬥故事，讓我知道原來「專業主廚」，不只待在廚房，還可以成為優秀的企業管理者，他們都讓我對成為一位優秀的「主廚」更加嚮往。

早期在晶華酒店，每次看到外國主廚們走路有風；到了凱悅，又看到面試我的副行政主廚陳寬定，就是最好的例證。原來只要努力，還是有機會，這是我當兵前都沒想過的。

從早期吃檳榔、抽菸的師傅，跟到後來的張慶松師傅，我就已經覺得大開眼界，沒想到，這些跨國名廚真是為我好好上了一課，當廚師也有出頭天的一天！

當年我心目中的「超級偶像」，不是電視、電影明星，而是幾位成功轉型的台灣主廚，像是台糖長榮酒店旅業總部協理鄭東波主廚，還有現任漢來飯店董事長賴忠誠。

台灣主廚的成功故事

既然以這些主廚為榜樣，就更想知道他們是如何成功的。當時有個飯店同事是賴主廚室友，有次，我到他們的租屋處找朋友，看到賴主廚滿屋子的外文食譜，我很意外，原來令人稱羨的地位與成績背後，是這麼多的努力，而且即使已經小有名氣，他卻還是這麼認真求知若渴。

除了親眼所見，我也常纏著很多前輩同事，或跟過這些主廚的學長們聊天，「想知道這些人如何當上主廚？除了廚藝精湛，還有些什麼特質，或者做了哪些努力？他們在廚房的樣子，還有和同事相處情形……」

對這些人的所有一切，我總是充滿好奇與憧憬，就像是要尋找更多的成功特質，希望自己也能一樣，例如鄭東波主廚「不怕吃虧」、「不怕多做事」的理念，便與我一直以來被教導與學習的態度一致。

當時有個曾經待過ＹＭＣＡ的師傅告訴我：「早年台灣籍的主廚們，英文最好的就是鄭東波主廚！而且他本來只有國中畢業。」

「怎麼可能！」我脫口而出。現在只要上網找一下，就知道鄭總經理當年從洗碗工成為人氣總經理的奮鬥故事，相當勵志。

這位師傅轉述，貧困出身的鄭總經理，是工作多年後才完成碩士學業，早年曾在YMCA足足洗了三年的碗。同樣身為學徒，每到空班時間都恨不得聊天休息打發時間，當時他卻請教主廚，「我可以到樓上上英文課嗎？」

學徒這麼好學，也不會耽誤到上班時間，主廚便一口答應。因為同是YMCA員工的身分，可享有學費全免，只要購買教材就好。或許有些人認為，在廚房裡工作學這些幹嘛，但他也不管別人說的，只是覺得，「現在我先學起來，總有一天派得上用場。」

沒想到，鄭總經理不斷學習，除了英文、還有法文……離開西華飯店後到了長榮集團。在主廚群中就他會說法文，還因此獲得被外派機會，一路受重用，甚至從主廚轉身一變成為總經理。除了語言能力，甚至還拿到碩士學位。

我很喜歡看別人成功的故事，或與前輩交流知道更多成功人士的努力，或許有些轉述被添油加醋，未能親自驗證，但我相信，這些人的故事會被廣為流傳，他們的努力絕對是受到旁人的肯定。

「機會永遠是給準備好的人」，在鄭總經理的身上得到印證，這句話也從此成為我的座右銘。

願意給舞台的外國主廚

除了以這些台灣主廚為學習榜樣，在國際飯店工作期間，看著許多外國主管的作為，除了禮儀、待人處世和管理。我也總是期許，自己要改變以往過去的習性，像是為人師表，要給員工好的影響。

Richard Taffs（唐德權）是現任萬豪國際集團大中華地區營運副總裁，也是最賞識我的英籍行政主廚，更是從廚師專業職成功轉任管理職的典範。

在華國洲際任職時認識的 Richard Taffs（右），對我一直相當賞識與提攜，只要來台一定帶著全家來店裡敘舊。

我們當時在華國洲際飯店共事，擔任西餐行政主廚的 Richard，對我的表現一直相當肯定，至今仍然是好朋友，只要他來台灣都會碰面。

數年前，還曾為當時轉職的我，親筆寫過推薦信；他接管普吉島萬豪酒店之初，還曾邀約我去擔任主廚工作，只是當初已經創業，未能成行。

Richard 的賞識，不只如此。離開華國洲際後彼此各分東西，幾經輾轉也沒手機聯絡，曾經一度失聯，他只知道我在台灣有點名氣，竟然上網查，先是找到我開的餐廳，打了電話卻沒找到人，決定親自登門。見面當天，我驚喜得說不出話，感動到快哭出來。

於是二〇二〇年初，他帶著全家來台，我們兩家人難得一起吃飯，他再次鄭重邀請我到萬豪集團旗下的酒店開家 Pino 披薩店，這真是無比殊榮，只是後來全球新冠疫情嚴重，還要兼顧自己的店，再次婉謝。

不吝對專業肯定，也願意給舞台。當年 Richard 對我相當照顧，知道我一直想去義大利學習，還曾透過關係協助安排一個月的學習之旅，只是最後因故無法成行；甚至他知道英文是我弱點，但仍不厭其煩的教我「如何開英文菜單」。

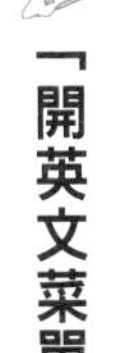

「開英文菜單」有學問

「開英文菜單」是主廚的一堂必修課。很多人上西餐廳吃飯應該有印象，菜單上常常一大串的字，仔細看不外乎料理會使用的食材（不管是中文、英文），卻很少寫上例如中菜的「佛跳牆」、「東坡肉」這類，代表吉祥或有特殊意義的名字，通常這種菜名反而會讓外國客人乍看摸不著頭緒。傳統的英文菜單，就是寫上所有食材、作法，讓前來用餐的客人一目瞭然。

例如「麻婆豆腐」，一般華人看到就知道，這道菜會有豬絞肉、豆腐丁、辛香料等；同樣這道菜，若是要給外國人看的菜單，就得從作法、配料一一列出。因此如何開出好菜單、正確用字，讓外國客人能夠明瞭，是主廚重要的工作之一。

這個部分我以前較少注意，是Richard從我開出的菜單中發現，我的用字不夠準確，但是他也不明說。反而會先了解這道菜要怎麼做，確認真正作法與用字，不厭其煩的教導我怎麼修改、務求精準，慢慢的教育，也讓我重新學習「開菜單」的學問。

舉個例子，以「烤豬肉」為主菜時，在正式英文菜單中，要清楚的寫出作法「如何烤」，是 Grilled Pork，還是 Pan Fried Pork，兩者在中文都可以翻譯做「烤」，但 Grilled 的火在下方，就是直火炙燒，有些烤出來會有烤架痕跡一條一條的；至於 Pan Fried 的火則是透過平底鍋煎，主要是為了煎出表皮金黃酥脆的感覺。這道主菜當然不會只有「一塊烤豬肉」，可能還會有些配菜，這些也都要一一列出，像是烤蔬菜、馬鈴薯泥……等等。

Richard 對我而言，亦師亦友，而他能夠一路從主廚成為飯店集團副總裁，更是讓人佩服。

做小吃也堅持的職人精神

在廚藝與專業上，這些飯店界的主廚們令人尊敬；還有一位開小店也自我堅持的台灣師傅張清文，我至今還是相當尊敬，他是當年張慶松的副主廚，也是從「阿弟仔」時代至今三十多年，聯絡最頻繁的前輩。

雖然年近七十，前幾年因為閒不下來，還曾轉行賣起肉羹、滷肉飯小吃，乍聽有點大材小用，但是張師傅對於食物的尊重與處理，卻仍然延續著高級餐廳的標準。

我有次去找張清文師傅，光是店裡的炒高麗菜，他都認真仔細洗三次，這些不是客人看得到的細節，更不是每家店都能自律做到這樣，非常「頂真」。我在現場也看到正在準備排骨肉，他也是純手工、每塊都仔細敲、每個動作都很仔細，彷彿看到他當年站在飯店廚房的身影，這就是一種廚師堅持的職人精神吧！不管是做大菜、小吃，不管在大飯店、小吃攤，都毫不妥協。

這種對待食材與客人的精神對我影響很大，還有一點，就是張清文師傅做人很客氣又老實，而且非常真誠，又很照顧我們這些晚輩，堪稱最好的身教。

我還記得，曾偷騎哥哥的機車上班，下班時在現在SOGO復興店的十字路口發生車禍，因為傷勢有點嚴重，於是在被送往醫院的路上，打了兩通電話求救，第一通是媽媽，接著就是張清文師傅。有時候，我也說不上來，就是很喜歡這個師傅，覺得他很照顧人，所以當時他也是第一個趕到現場陪我的人，比媽媽還快。

甚至後來我已經離開師傅身邊，一度跟著幾位師兄沉迷賭博性電玩，輸到把摩托車都賣了，還執迷不悟，也不知道哪來的勇氣，竟然打電話給張清文師傅，「師仔，可以借我五萬元？」

他也不多問原因，只簡單幾句關心的話，交代「錢拿去還一還，認真工作就好」。接著二話不說，就拿錢借我。那種把我當自己人的心情，我真的很感動。當然這事情後來被媽媽知道，免不了一頓罵，趕緊要我還錢去。

不管是發生車禍、借錢事情，張清文師傅始終很正向，幾乎不抱怨，就算聊天也只是談談大家的現況，從不道人長短或是評論，就是默默做好自己的事、顧好自己的攤子。

自問，我想成為怎樣的主廚？

這些年少的記憶與廚房印象，對我在工作上的自我管理與要求，有很大幫助。尤其慢慢成長，開始當上主管後，希望成為一個好榜樣。

回想早年碰到的廚房師傅們，平時吃檳榔、菸不離手、空班時間打屁打牌、下班時間喝酒簽牌，因為大家都這麼做，所以我也曾經不以為然。

一位不重視自己衛生健康的主廚，如何做好料理？就像有些老師傅會叼根菸做菜，萬一菸灰掉到菜裡呢？最重要是，抽菸不只有害身體，也會影響廚師的味覺，更何況在工作場所抽菸，對學徒來說是很負面的身教，也給外界觀感不佳。

從生活習慣到工作細節，外國月亮是否比較圓？我並不這麼認為，許多台灣師傅也是很好的的身教，但是，「近朱者赤、近墨者黑」，想要進步，只有靠自己多方學習。

「別人會的，我都要會；別人不會的，我也要會。」這樣的信念讓我在成為一位主廚的路上走得辛苦，但是，為了成功、完成夢想，很多的努力過程都是必要的。

12 地獄廚房裡的魔鬼總監

二十多年前，國際連鎖飯店紛紛在台灣插旗，第一批外籍主管都是一時之選，與他們工作雖然壓力破表，讓人見識到專業的背後，是嚴格的自我要求與管理。

長期和外國人共事，見識到國際飯店與外籍主管們賞罰分明的一面：像是我的破例加薪，給的大方！但是身為主廚，做錯也是直接劈頭就罵，不留情面！沒有睜一隻眼、閉一隻眼，更沒有任何模糊地帶，這種不講人情的特性，也讓不少台灣廚師適應不良。

有次我犯了錯，馬上被叫進辦公室，外籍主管也不囉嗦，直接嚴厲的警告：「這是你最後一次機會，沒有下次。」我當場嚇傻，別說反駁，馬上回覆「Yes, sir.」更暗自下定決心，不會再犯了。

這次經驗也讓我明白，平常可以一起聊天喝咖啡、嘻嘻哈哈的外籍主管，公歸公、私歸私；尤其五星級飯店要維持水平不易，更不允許任何一個環節鬆脫。但這樣規矩清楚，直來直往的西式管理方式，我反而很適應。

學習自我嚴格要求，讓我在華國洲際時期深受外籍主管信任，也帶來很大的自信與肯定。後來想想，因為配合度高、不囉嗦，就把事情做到最好的態度，確實讓合作過的人都很稱讚（真的不是我自誇），但這不只是工作的「基本態度」嗎？

不套交情不廢話的泰瑞

有時候人跟人的磁場很難說，像是跟我最麻吉的 Richard，雖然我們在工作上相處配合融洽，但是他跟我某個員工就是不對盤。每個外籍主管個性不同，在華國的時間中，我便遇上人生中「魔鬼級」行政主廚——來自英國的泰瑞（Terry）。

當時飯店同事之間傳言有新主管即將報到，大家都皮繃很緊。直到泰瑞到飯店報到，上班第一天也沒見他帶祕書，就自己一個人，加上每個動作都正經八百、一絲不苟，看起來就很嚴格，而且喜怒不形於色，臉上彷彿寫著：「別惹我！」

雖然只是短期來幫忙整頓幾個月，但是泰瑞上班第一件事，就是交代助理把辦公室內的東西全都搬出來淨空，用酒精消毒，再把東西搬回辦公室，沒想到按照他的規矩把東西就定位後，整個井然有序。

我當時猜想，他應該有潔癖吧，但沒想到這麼嚴重。不過那種概念，也很像我每到一個新廚房會做的工作一樣，因此對這號人物更加好奇。

整理好辦公室，接下來就是整頓各餐廳廚房了，沒想到，這次差點掀起一場廚房戰爭，把大家整得半死。

新主管報到之初，大家總是要試圖摸清楚對方的脾性，是好相處還是好嚴格，泰瑞就是後者。而且最神祕的是，泰瑞除了上廁所、吃飯、下班才離開那間辦公室，其他時間都關在裡面，幾乎不踏出房門一步，如果要找人談話，也是請祕書打電話找人進去，用電話遙控。

大家就開始打聽，得知泰瑞曾管過兩千多人的廚房，是很英式的軍事管理風格。以凱悅的廚房為例，全盛時期曾經多達一千兩百人左右，我們頂多才五十人而已，所以華國對他而言，規模相當小。

一般看到外國主廚，大家都會見面微笑致意、打招呼，但泰瑞的習慣是，第一個眼神交會，就是很規矩的說：「Good morning, Chef.」他也制式的回答：「Good morning.」然後就沒了，從不多說第二句話，也不套交情。

有次，我看到泰瑞寫字，竟然拿一把尺作為基準，所以寫完字、把尺拿開，整排字超工整，難怪古人會說，「字如其人」，真的一點都不假。

嚴格到差點被蓋布袋

一絲不苟是泰瑞對自己的基本要求，對廚房要求則是乾淨至極。為什麼這樣說？因為平常飯店的廚房就很注重衛生環境，所有設備總是擦洗得亮晶晶，但是我們覺得「夠乾淨」，在泰瑞眼中，只有六十分的及格邊緣。

舉例來說，他開始巡視廚房工作時，就是一眼掃過去，直接下指令、也不廢話，「這個要打掃。」我們一回答：「Yes, Chef.」後，他就馬上接著問：「幾點完成？」

泰瑞的厲害之處在於從不囉嗦，也不會訂時間，而是要你自己決定（畫押）時間。然後再走到下一處，同樣對話再來一次……走完一輪，也把大家答應的完成時間一一記錄下來。

時間一到，人就站在那個定點準備檢查工作，只要沒做好就是開罵。雖然訂時間的是我們，但是因為他的嚴格給大家很大壓力。而身為主廚的我還是要帶頭下去做，相對地也讓員工的壓力更大。

有一天，甚至有人揚言要去打他。

當時，幾個廚師跟我說：「主廚，等等空班時候，麻煩你出去一下。」我問：「為何？」他們其中有人才說：「因為我們要去蓋布袋打人！你最好不要知道啦！」

我一聽到這裡，當然不准，每次被泰瑞叫進去罵的人都是我，我都沒抓狂了，其他人根本不需要這樣過度反應，「你們一動他（泰瑞），我就不用玩了！真的忍一下就過去了。」接著竟然還說了一句自己都意外的話：「有一天，你們會最懷念、感謝泰瑞。」還好這件事就此落幕，大家被勸退，沒有節外生枝。

軍事化管理成果驚人

泰瑞管理廚房時，要求每天早上固定九點開會，主管們都要準時出現在他面前。標準流程是：進辦公室前先敲門，開門後一對上眼，「Good morning, Chef.」招呼馬上坐好，直接進入主題開始報告，都沒人敢「假肖」（台語：裝傻）。

有一次，泰瑞跟我約了時間，我在廚房忙到忘了。等意識到的時候，泰瑞已經站在面前，當著所有同事面大罵：「You're late！」然後轉身就走。廚房裡的每個人都嚇得說不出話，替我捏把冷汗，我也挫到馬上放下手上工作，跟上泰瑞的腳步。那一吼，令人餘悸猶存，回想當兵時候都沒被長官這樣吼過。

雖然大家說歸說、怕歸怕。但是，泰瑞真的非常專業，明明都沒走出過辦公室，但透過遠端遙控與軍事化嚴格管理，才兩、三個月時間，就讓飯店更加整齊乾淨，達到五星飯店的標準，讓人眼睛一亮。

至今，我還是很感謝當時的同事們，沒有去動手打人。果然，日後大家講起此事，以前想要打他的人，如今都改口：「泰瑞真棒！」

魔王級德國主廚

如果說泰瑞是個魔鬼主廚，沒想到，我在喜來登擔任行政副主廚時候遇上了傳說中「魔王級主廚」。

這位被喻為「台灣西餐廚藝之父」的倪彼德（Peter A. Knipp），是新加坡PKH（Peter Knipp Holdings Pte Ltd）的創辦人暨總裁，曾擔任紐約、台北、上海、曼谷希爾頓大飯店行政總主廚、新加坡萊佛士酒店總主廚，自一九九七年與新加坡觀光局成立著名World Gourmet Summit至今。

二〇〇二年，來來飯店易手後，蔡辰洋老闆便邀請他擔任喜來登顧問，一年四季來四趟，每次只來五天。

那時候我不知道這號人物，行政主廚只交代說：「飯店顧問下下週要來，你就跟在他身邊，負責看餐飲部分哪些要改善的，幫忙記下來，負責執行。」最重要是，「顧問說了算數，不用再另行請示，做就對了！」

倪彼德顧問到飯店第一天，我趕緊去報到。德國籍的他，身材魁梧，近兩百公分的體格，我站在旁邊都變小隻，果然一出場就令人震懾，一開口更是態度強勢，指令清楚、說一不二。

改這改那明天就要看到！

顧問來台期間都住總統套房，而飯店內針對總統套房與行政套房的頂級客人，另外設有專屬餐廳。那天一到這裡，他繞了一圈，馬上開始講這個要改、那個要換，像是餐點用的保溫燈太舊、服務人員制服款式不對。只要顧問一下指令，就是聖旨，重點是，「隔天就要看到」！

以餐點保溫燈為例，這種專業器材不像一般家用燈泡，水電行買來就自己安裝，必須先請飯店採購收集目前的最新保溫燈型錄，接著向顧問請示是否符合需求就下單，請廠商連夜裝上。這對採購、廠商而言，也都在與時間賽跑。像是圍裙、服裝不對，也一樣去找出來，統統「馬上辦」。

除了這些硬體設備面，還有些餐飲菜式也要改。像是他指定明天看到班迪尼克蛋的蛋黃要挺、牛肉級數，盤子、配菜要哪些……

我跟著顧問東看西看一天下來，整個人都快累癱，才知道為何大家閃遠遠，回到家已經晚上十一點了，下班前他還對我說：「明天早上五點就要看到你進飯店匯報。」

天啊！我雖然快累翻了，但回家第一件事情就是打電話給好朋友

Richard，一聽到我報上人名，他回答：「This guy is very tough. He is very famous.」（他非常的有名，而且強勢。）語氣中，直截了當充滿驚訝。之後也說了一下，這個顧問的專業地位與工作態度。

雖然那五天度日如年，但是也感覺到顧問帶來的煥然一新感與明顯改善。就像當初飯店副總所說的，「顧問來一趟才五天，如果沒有效率，時間一下子就沒了，他也深諳飯店花錢請他，就是要裡裡外外獲得『明顯』提升。」

泰瑞只是就現有的去改善；倪彼德顧問卻是打掉重練，明天就要看到改善！但事後回想，真的很慶幸能遇上他們，也算是大開眼界，讓我見識到什麼是執行力。最重要是，面對如此高壓的主管與時間，更清楚原來自己的抗壓性與能力，正在升級中。

13

一位主廚的養成學習不只在廚房

當上主廚後，我在有限資源下，
「第一次學會自己找出路」，成功舉辦美食活動。
飯店的媒體公關、行銷部門積極配合，
沒想到，也打開了另一個影響我一生的重要契機。

學習，一直是我在廚師路上很大的動力，有時想想，也算是閒不下來吧！在當上主廚後，廚房工作也慢慢上軌道，我開始想，還能做些什麼？那就以凱悅為目標，移植過去的經驗，於是鼓起勇氣向法國總監提案，第一步，就是邀請外國廚師來餐廳擔任客座主廚，透過宣傳與舉辦活動，提升餐廳地位與名氣，吸引更多消費者。

當時的我急欲表現，便把曾看到的餐廳行銷活動一一提出，但法國總監只跟我說了一句話：「No budget！（沒預算）」

有人一聽到這句話，會馬上打退堂鼓，但是，我不僅沒有因此受到打擊，反而早有準備：「好，A案不行，那就B案！」我告訴法國總監，「那能不能做我自己想做的菜？」總監說：「好，你提案出來後，飯店全力支持！」

別開生面的番茄嘉年華

在義大利料理中，「番茄」是許多菜色的主角，也是最好的配角，我想，那就來舉辦一場「番茄美食嘉年華」吧！把世界各地生產的番茄都找來，應該會很有趣。

在一九九九年左右，這樣的想法和點子算是創舉。當年市場上能買到的番茄，就是土生土長的番茄，整顆紅色帶點綠色，俗稱「柑仔蜜、臭柿仔」，這種酸味重，用來做番茄炒蛋味道最足，但並不適合在義大利菜中使用；至於現在大家熟知的聖女小番茄、水果番茄、橙蜜香，黃色、紅色、橙色的小番茄……

都是新進品種。

再舉個例子，目前超市架上賣的「牛番茄」，大概也就是手心就能夠掌握的大小。但事實上，從它的英文名字 Beef tomato 直譯，「牛」番茄哪裡牛？大家想像一下，牛的外型很大隻，所以「牛」番茄的個頭肯定也不小，沒錯，確實國外也有一顆番茄重達四百多克。目前在台灣販售的牛番茄都是改良種，比起國外真正的傳統牛番茄，真的是小巫見大巫。

既然決定舉辦番茄美食節，我便開始著手尋找台灣各地栽種的番茄，比方說有圓的小番茄跟橢圓的小番茄，全綠、半紅半綠的大番茄，還有溫泉番茄桃太郎，這些都是台灣在地代表。

我還拿著過去買的原文食材書，請食材供應商從荷蘭進口黃色小番茄、牛番茄，還有整串大番茄，收集了大約十種。接著設計了一份特餐菜單，根據不同番茄的風味，從開胃菜沙拉湯、主菜、甜點、飲料，每道菜都必須有番茄的成分。

這場番茄美食節也算是我當上主廚後的處女秀，特別感謝飯店的全力支持，還有餐飲部門黃副總監給這個機會，大家對活動要求都非常高，也讓我更加督促自己，不只要開菜單、顧擺盤，連餐台設計都還要去找很多道具布置，營造出整體感，不只美味還要好有賣相，意外訓練出對餐台布置的審美觀。

初試啼聲就讓飯店和餐廳一炮而紅，這也是我「第一次學會自己找出路」。飯店的媒體公關、行銷部門都積極配合、火力全開，沒想到，竟打開了另一個影響我一生的重要契機。

受到嚴長壽總裁關注與提攜

番茄美食節成功炒紅話題，飯店公關總監 Ann Wu 更加積極把「我」推銷出去，不管是採訪、活動，只要有機會亮相或媒體專訪，都推薦我去參加。

那一天，我在廚房接到一通電話，「您好，我這邊是亞都麗緻飯店嚴（長壽）總裁辦公室，請問您是謝主廚？」「對，我就是，您好。」電話那端確認我是本人後，隨即告知將轉接電話給嚴總裁。

當我心裡還在內心ＯＳ，全台灣應該就只有一位嚴總裁吧？真是傳說中的嚴長壽先生嗎？

電話接通後，傳來意外的聲音，「謝主廚，您好，我是嚴長壽……有一場活動座談會想邀請您來擔任主談……」我當然馬上答應，整個人有種都要飛起

嚴長壽先生的賞識與提攜，成為我一輩子難忘的貴人。

來的感覺，這是多難得的機會，能受到當時業界敬重的嚴長壽總裁青睞，欽點為活動主談，真是無比榮幸。

而嚴總裁之所以找上我，原來是他看到外國的麵食發展趨勢，想到東方的傳統麵食也很有特色，因此想舉辦一場義大利麵與中華麵食的座談會。於是他透過媒體記者介紹，想找一位熟悉義大利料理的台灣廚師，記者們不約而同都說：「可以找華國洲際的謝宜榮主廚。」當然找個台灣人來講，不只接地氣，還可以減少語言隔閡、省下口譯費。

多虧飯店團隊不斷的努力與媒體朋友們的肯定，讓我能夠站上台前。活動開始前，我一看到主辦單位台灣觀光協會提供的名單，更加緊張，因為來賓都是中華美食及觀光業者及各大媒體記者們，我當年不過三十歲，算是初出茅廬的後輩，竟然要班門弄斧。

嚴總裁是位相當貼心的長輩，當天的座談會特別選在我們飯店舉行，這點讓我最是感佩，以我所任職的飯店為主場，更顯意義非凡。

我也要當別人的貴人

畢竟這是我第一次以主廚身分站上餐飲界舞台，面對這麼多業界的神級人物開講。座談時間一到，我在後台看了一眼，台下一百多人滿座。儘管之前再三預演練習，到了現場根本沒用！一站上台就腦袋空白，講得七零八落，原本的好記性都派不上用場，還好到了實作美食秀那一段，找回手感才勉強恢復扳回一城。

嚴長壽總裁的賞識與推薦，促成我日後更多的機會。只要有人請教他關於義大利料理的人選或問題，他一概都說：「找華國洲際的謝宜榮！」所以更多美食記者也開始認識我，這份提攜與肯定之情，我一直放在心上，也希望自己有機會能成為別人的貴人。

不過在如此隆重的場合，我竟然表現失常，為此相當自責，不斷回想當時情景，在自己腦海中，不斷倒帶重新排演。內心最難過是對不起賞識我的嚴總裁，如果有下次，我一定會表現更好，準備更充分！

事後為了訓練口條，我開始透過開會時間練習，如何把話說好、說清楚。現在回想，明白當初是缺乏自信，覺得差人一等，才會不太愛講話。

所幸後來在工作上得到越來越多的肯定與成就，培養出自信心，開始能面對大眾侃侃而談。

不久後，還收到大境出版社的邀請，出版義大利料理食譜書。好事不斷發生，原來很多事情真的不用強求，都是老天爺早就注定好的。

14

五星級的「款待」

國際連鎖大飯店的服務最為人所津津樂道，如何款待每位貴客，「賓至如歸」不是口號，而是做到即使一份餐點，都要用心、專業的呈現。

算算，我待過五家國際飯店，包括西華飯店、晶華、凱悅、華國洲際和喜來登，這些四、五星級飯店吸引客人的，無非空間與服務，雖然我都待在廚房工作，但還是有不少面對超級VIP的機會。

飯店裡的分工是每個餐廳都有各自的主廚，負責人力調度與部分的菜色開發；主管的行政主廚則是負責內外場，包括各餐廳之間的菜單定調與內部跨部門溝通等工作。

像是我在喜來登擔任行政副主廚時，光是內部廚師約兩百五十名，雖然不用再親自下廚，但還是要協助行政主廚相關事務，角色比較像是品質管控（Quality Control，簡稱 QC）。找出問題，解決問題，落實「以客為尊」的服務主旨。

在國際飯店裡，從住宿到飲食都是服務的細節。這些超級 VIP 都會有些特別指定的飲食習慣，尤其西方人的飲食習慣跟東方人不太一樣。

外國人會有些特殊喜好、或過敏食材，對自己的飲食非常嚴謹挑剔，如果不是他要的味道，就只有「重做」一條路。所以每位主廚也都有一份自己的 VIP 菜單，要記得誰吃什麼、不吃什麼，哪些不能放，全都是量身訂做。

我忘了VIP的口味

當學徒時，我難免會想，有必要為了一個客人做到這種程度嗎？但是經過這麼多年的歷練，回想自己做菜的初心，只要做得到，即使只是為了一位客人，我也希望能夠讓他吃得開心、最重要是賓至如歸。

之所以會有這樣的領悟，其實要感謝一位在華國洲際工作時期，遇上的超級VIP，因為一次的失誤，差點釀成大禍。

這位貴賓被內部暱稱為「拜耳先生」，是德國拜耳公司董事長，因為與飯店總經理熟識，因此每次來台出差期間都會入住我們飯店。

從確定入住那刻開始，飯店上上下下全員啟動，員工走動出入的空間都會貼上拜耳先生的照片，讓每個員工無論在飯店的任何地方遇到，都要能和貴賓打招呼，而不是當一般客人，只稱呼Sir。

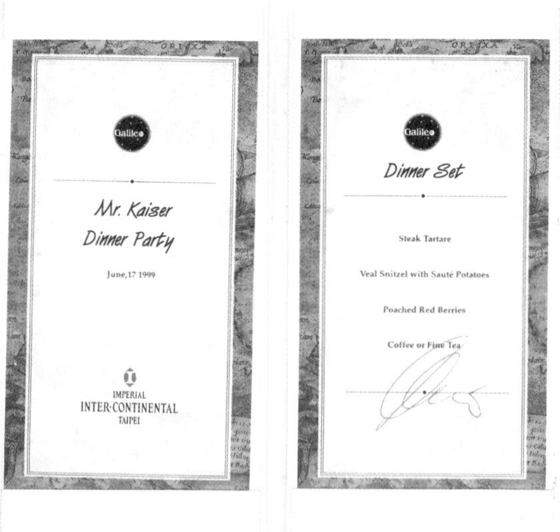

Galileo
Mr. Kaiser
Dinner Party
June,17 1999
IMPERIAL
INTER·CONTINENTAL
TAIPEI

Galileo
Dinner Set
Steak Tartare
Veal Snitzel with Sauté Potatoes
Poached Red Berries
Coffee or Fine Tea

VVIP的「拜耳先生」Mr. Kaiser曾在飯店內舉辦宴會，當年由我為他特別設計的晚宴菜單。

飯店全體員工都不能怠慢貴客，廚房當然也是全力配合。記得拜耳先生第一次到我負責的餐廳用餐時，特別交代了幾項配料不要放，把黑橄欖、起司加重。只是沒想到，我事後一忙，沒有仔細記住細節，下一次就出大事了！

那天，拜耳先生到酒吧去看足球賽轉播，突然對服務人員說：「請Tom（我的英文名字）幫我準備一份披薩送過來，口味就跟上次一樣。」

服務人員馬上把消息轉達到廚房，換我愣住了。這下事情大條了，我竟然會犯下這種很低階的錯誤，平常這些重要資訊都已深深刻印在腦海中，但是情急之下，我竟然怎麼也想不起來。

那天我手上有點忙，無法親自過去請教，便請吧台的人先代為致歉，「對不起，Tom不記得您上次吃的口味。」並請拜耳先生告知個人的口味偏好。當然，這樣「不專業」的表現，讓我們的超級VIP很不開心。忙到一段落後，我到飯店的酒吧當面向他再次表達歉意，他也嚴肅的回覆：「下次要記得。」

量身訂製的牛排

誠心的道歉，對方一定感受得到。拜耳先生在離台前，還舉辦了一場晚宴，感謝工作夥伴與廠商，他也點名我親自料理。

經歷過拜耳先生事件，我對每位貴賓的口味，更加謹慎應對。當時飯店裡還有一組VIP，我們都暱稱呂爸爸、呂媽媽。他們兩人幾乎把這邊當自家廚房，經常一起前來用餐。

當時已經八十歲的呂爸爸很喜歡吃牛排，只是牙口不好，吃過各大飯店餐廳的牛排，都覺得還是太硬、咬不動，所以常常無法吃得盡興。

當我知道後，就對呂爸爸說：「給我一次機會，做牛排給您吃看看。」

我的「呂爸爸特製牛排」作法是，只取牛菲力最嫩的那一塊肉；佐醬方面，他老人家喜歡重口味的黑胡椒口味，但呂媽媽總是特別交代，呂爸爸不能咬到胡椒粒，偏偏一般西餐都是粗顆粒的黑胡椒，咬起來才會辛辣、夠味。

所以，我先按照平常作法，把洋蔥等佐料炒香，加入黑胡椒拌炒後，最後多加了一個動作——把所有炒香的配料全部倒入食物處理機，攪碎！黑胡椒也事先也磨得比細，讓整個佐醬保留氣味，也不卡牙縫。

沒想到，這份特製牛排一上桌，呂爸爸吃到盤底朝天，而且一吃成主顧，每次來都指名要找我做菜。

只是，這道菜是我為呂爸爸特別量身訂做，並非餐廳的菜單選項，只要確認訂位後，就要特別準備一條牛肉只取其中一小塊，對廚房來說，其實不敷成本，但是對於超級VIP來說，我們總是「使命必達」。

呂爸爸吃得開心最重要。只是當他得知這份牛肉的取得與料理過程後，曾私下告知，就把整條牛肉的費用都算在帳單上；畢竟上桌的只有一份排餐，卻是整條牛肉的精華所在。對於呂爸爸的好意，我們心領也不會因此調價，所以他總會大方的以小費回饋。

但事實上，身為一位廚師最開心的事，就是看到客人滿意的笑容跟碗盤朝天的肯定。

上錯桌的溪哥

在喜來登工作的時候，我也曾遇上一個VIP事件，差點驚動老闆蔡辰洋先生。

那天，辰園有兩桌客人訂位，一桌是蔡老闆、另一桌是VIP。下午四點多，VIP提早到了餐廳，還帶著當天上午現抓的新鮮溪哥，特別請外場人員交代廚房，等等料理現炸，要當小菜請朋友。

因為是ＶＩＰ的特別服務，因此廚房遵照辦理。沒想到，酥炸好的溪哥要上菜時，送菜的服務生看到陌生菜色，心想，這應該是老闆自備的特殊食材，便很「自然」的就把這道炸溪哥送到老闆的桌上。

一上菜後，老闆以為是主廚特別準備的「驚喜」，也不疑有他，逕自開動。當天現抓的炸溪哥味道新鮮，老闆吃得也很涮嘴，一口接一口。

等服務生回到廚房，主廚才發現事態嚴重，馬上把消息傳給副總，「不得了了，ＶＩＰ自備的溪哥上錯桌了，老闆也已經開動。」得知消息後，副總又馬上一通電話給我。

這下子該怎麼辦？這種時候不是責怪誰犯了錯，而是該怎麼善後，還是應該讓主廚跟領班去向ＶＩＰ道歉？副總和我不斷模擬多種狀況，該如何妥善處理讓事情圓滿落幕，又不會驚動蔡老闆跟ＶＩＰ。而且都已經傍晚時間了，要去哪裡買新鮮溪哥，還要在一小時內送到飯店、讓廚房做好上桌？

聽起來像是不可能的任務，但是，我想起在海霸王時代，認識一位海鮮包商，趕緊打電話給這位朋友。

「喂？你在哪？」我問。

「這個時間，當然在家吃晚飯啊！」這位朋友回我。

「今天有沒有溪哥？我這邊晚餐有急需，能不能送過來？」我知道這個要求很唐突，但事出緊急，「還有啦，可是我還要去別處拿。」一聽到朋友回答還有溪哥這句話，我也顧不得朋友還在吃飯，請他「馬上送！價格其他都好談。」

這個朋友常跟飯店合作，雖然不是喜來登的供應商，但知道肯定有大事發生，也沒多問就回覆：「給我半小時。」果然，半小時後他如約帶著溪哥抵達飯店。服務人員先把溪哥送去給師傅後，朋友才上氣不接下氣的對我說：「你欠我一頓飯，剛才溪哥放在五股，我先開車去拿才過來的。」

他解釋，接到我電話後，住在蘆州的他，二話不說放下飯碗，先飆車到五股凍庫拿溪哥，還在半小時內送來喜來登！當然這樣飆車不好、真的很危險，也下不為例。但是有朋友這樣情義相挺，真的揪甘心。

而對當時身為行政副主廚的我而言，更加體認緊急處理能力與人脈的重要性，這些都要靠日積月累的經驗，也很感謝在廚師路上，許多照顧過我的貴人，面對這些大小的危機要求，都能順利過關。

PINO
PIZZERIA
RISTORANTE
Olive
Pasta
Drink
Pizza
Cheese
Appetizer & Soup & Salad
Pizza

Part

3

那些創業教我的事

Learning experience
after opening own business.

15 創業跟我想的不一樣

很多人都有個開店的老闆夢，我用過來人的角度分享：創業的過程，很辛苦；失敗的經驗，很痛苦。畢竟，夢想哪有這麼輕易達成！

數年前，我應邀參與一場座談演講，主辦單位財團法人中華飲食文化基金會共邀請三位開店的主廚，共同分享「如何從主廚的角色轉變成一位餐廳的經營者角色」。我當時是以 PIZZERIA OGGI 主廚兼總經理身分，分享「從挫敗中累積經驗」。

創業對我而言，真是血淋淋的教訓。現在許多人都有個開咖啡店的夢想，真的「有夢最美」，開了店才知道，一點都不浪漫，甚至跟自己想的都不一樣！

每次回想起第一次創業經過，都覺得荒唐好笑，我誠實的說，真的根本在胡搞，連要賣什麼東西都沒想清楚，也沒定價概念，更別說銷售策略了；簡單說，結果就是「一場糊塗」。

合夥創業成噩夢開始

不少廚師在外面餐廳做久了，都會想開一家自己的店，當時我還在晶華酒店，自恃有技術，沒什麼好怕，而且經營一家餐廳的菜做得好，客人自然會上門，當初我是這樣想的。

相較很多人都只是廚房待個三五年就創業，我的經驗還 Double！所以有次跟一位師兄談起，他也有興趣，我們就決定合夥開店。雖然沒有開店經驗，但是我們也知道，就跟買房子的道理一樣，「地點」最重要！

於是找到西門町的玉林排骨附近，有個二樓店面要頂讓，考慮到餐廳不用設在一樓賣門面，只要附近有人潮就會進門。於是我們師兄弟加上兩個朋友，共四個人，各拿出五十萬元，共兩百萬元創業，做起我們的老闆夢。

那是一九九二年左右，我剛退伍不久，因為手頭資金有限，還由媽媽贊助了部分創業基金。

看似挑選到好的地點已經成功了一半，加上師兄和我都是有技術、有專業的廚師，更沒有什麼好擔心的。當時，真是要命的天真。因為合夥創業的問題，在開店後，才開始浮現。

如今以過來人身分，重新思考創業這件事，事實上有很多的風險，一旦做錯，又遇上股東們各自怪罪，「早就要你別做，都不想清楚。」、「我也是股東，為何不能說？」生意好的時候大家開心，生意不好就開始怪東怪西，賠上交情，也繳了一大筆的學費。不過，如果真的想清楚創業是怎麼一回事，大家就穩賺不賠嗎？當然不可能。

自己做菜、送菜，還要修馬桶

開了自己的餐廳後，我還是每天八、九點就去上班，像學徒年代一樣準備好所有廚房工作。合夥的股東中，其中有位講好單純入股不想管事，但是，同樣身為股東的師兄，卻總是拖到十二點開始營業才到餐廳，如果請他隔天早點來，不然我一個人忙不過來，師兄也是虛應一下，「好啦！要講幾次。」

每天開店，幾乎都有摩擦發生，大家都年輕氣盛，就直接在餐廳裡吵翻天。有句老話，「家和萬事興」，真的很有道理。只是大家都出一樣的錢，做的事情卻不對等，讓我越做越不爽。為了要節省經費，也不敢請人，變成每次內外場都是我自己，要十項全能，連修繕也都自己來。

半年後，我實在是氣不過，怎麼也講不通，加上年輕意氣用事，那天我對師兄說：「我不做了！」耍帥的離開，連原來投資的五十萬元都不要了！

不過也是這次創業失敗，才讓我之後有機會到凱悅重新學習，見識國際飯店的高規格。現在想想實在兒戲，大家出錢也沒講好合作細節、股東分工，就拿錢出來硬幹。第一次創業的經驗告訴我，不要再合資，而且有多少錢做多大生意。

現在常常聽到有些年輕人因為家裡有房、有店面，就想開店當老闆，只要先去餐廳打工學幾個月，就以為出師了。不知道開店可能的問題、危機、煩惱有這麼多，就算善意提醒，也未必聽得進去，這種時候就只能讓他們先受一點挫折，就像當年的我一樣。

沒有受過創業挫折的人，心裡想的都很美好。直到開店才發現，最現實的就是怎麼都沒客人。追究其因，現在的我就會評估，門可羅雀、客人來了不再來的問題之一，是不是產品不夠好，才導致客人不願意回來消費。再仔細深究，就是產品定位不清楚。

很多事情都是開店之後才知道，除了成天擔心「沒客人」，還有當了老闆「沒自己時間」，每天都得到店裡，時間反而不自由，尤其週末生意好，更不能休店放假。這點所幸我長期工時都很長，已經習慣，要不然，肯定也很難咬牙撐下來。

一家店只能一個頭

這次合夥讓我吃盡苦頭，雖然已經分工，有人負責行銷、廚房、外場管理，但股東之間的權利與義務還是不清楚，也沒有強制性，最後不歡而散。

合夥投資最重要的，就是遊戲規則務必要清清楚楚，舉例來說：可能我只占一〇%的股份，但我自認有投資也算是「老闆」，是不是也可以有話語權？

一家店只能一個頭，要充分授權，由一個人做決定。若是多頭馬車，反而會造成決策混亂。就像在我的餐廳裡，即使是老婆也不能插手，就是我一個人說了算。

不能讓員工覺得老闆這樣說，老闆娘那樣說，員工也會無所適從，統一窗口都對我，這樣的管理比較單純，也不會有藉口，甚至發生有人跟老闆說是老闆娘說的，或者對老闆娘說那是老闆說的，我的店絕對不會有這種問題發生，就是一個人做決定、說話算話。

創業這條路，我走得艱辛，但每次都有不同的學習與體驗。尤其第二次創業，更是讓我重重摔落。

拿自己名字當招牌

我在海霸王時期因為常上媒體而有高知名度，開始受邀在東方工商（已於二〇二〇年熄燈）的大安區社區大學開西式烹調課，只要是我掛名，常常一公布三天就額滿，因為詢問度實在太高，校方希望我能加課，一度變成上午、下午都要上課。

有次中午休息時間，我和幾個朋友到學校附近的通化街吃飯，白天雖然沒有夜市燈火通明的熱鬧人潮，但附近上班族不少，恰巧瞥見有家店面要出租。我的創業魂再次燃燒，馬上約了店主看了一下，兩天後，便決定租下店面再次創業。

這次，我對自己很有信心！不只是剛好名氣如日中天，加上媒體曝光、擁有高人氣、待過大飯店、受到媒體關注，最重要是手藝更大有精進！

我感覺條件具足，時間成熟了，這次開店肯定會成功，也在心裡描繪著這家店的美麗藍圖，更大膽用自己的名字當招牌，將店名取為 Tom's Pasta。讓熟識朋友、粉絲們清楚知道，我開的店絕對掛保證。

因為第一次創業的失敗經驗，這次我堅決獨資，拿出這幾年辛苦存下的兩百萬元，因為每一分錢都是自己的，所以花起來格外精打細算，加上當時也開始有「偶包」，更有一種不能輸的決心。這是家完全屬於我自己的店，所以不只盡心盡力，大小事全都親力親為，拚了！

花兩百萬買一場夢

根據過去的訓練，對我而言，開餐廳最重要的就是食材。

以前飯店有採購打點，我只要開出菜單，就會有人打點備妥，但是自己當老闆就得樣樣自己來。每週固定兩天要凌晨三、四點摸黑起床，天還微微光就開車到基隆崁仔頂買漁貨。買完漁貨後還沒結束，我先把車開回家，換上後座組裝了箱子的摩托車，到萬華的中央市場挑選當天蔬果……再把所有食材載到通化街的餐廳。

忙碌的一天開始了，身兼老闆、廚師和採購，一進店裡就要先開始備料，雖然請了兩個工讀生，但主要幫忙外場上菜、還有洗碗、整理環境這些，充其量只能算是打打雜。

剛開店時，主打國際飯店主廚賣的義大利麵，不用飯店價，CP值高，一份只賣三、四百元。這個賣點確實吸引了不少媒體朋友、老顧客捧場，吸引三大報、電視、雜誌接連報導，前三個月的生意很好。我心裡盤算著，這次穩成功的。

沒想到，這個策略卻是錯誤的開始。到了開店第四個月，業績突然下滑，有時候一個中午賣不到十份，就算到了下班時間，夜市人潮濟濟，店裡永遠坐不到一半顧客，我開始緊張了。

因為是自己獨資，每天看著帳本開始入不敷出，東西賣不出去、人進不來終究不是辦法。我也開始觀察，看隔壁排隊店家的售價與品項，思索著是不是應該增加料理品項，還是這價格在夜市太貴了？靈機一動，那就來賣咖哩吧！

這種料理單純，也把價格調降到一百多元，這下子總成了，我心想。

想不到，更換銷售策略後，生意更慘。但是因為創業時候大張旗鼓，實在拉不下臉馬上收攤，苦撐一年半後，我終於甘心認賠殺出，用兩百多萬元買一場夢，最後以二十萬元頂讓關店。

忙裡忙外累到胃出血

壓力最大的時候，一個月慘賠二十萬元，我整個人都失去笑容，就像大家常說的「氣場都不好」。更恐怖的是，有一天，我做著做著竟然覺得自己快倒下，只好跟徒弟交代一下，搭車到醫院急診。

醫師問我哪裡不舒服？「我覺得胸悶。」聽到這句話，急診醫師馬上安排抽血、照X光，但怎麼也查不出什麼，要我待在急診室觀察二十四小時，安排好心臟科門診後，就要我先回家等報告。

隔天，我覺得又快倒下，再次搭車到急診室，「醫師，我昨天來過，還是胸悶不舒服。」照樣又做了不同的血液檢查，還是找不出原因，但是店不能丟給徒弟一個人，我便簽下同意書，先行離開醫院。

我吃著急診醫師開的藥繼續工作，完全都是用意志力在支撐。直到過了幾天到心臟科門診，我問：「醫師，我覺得胸悶、站著就快昏倒，可是都檢查不出什麼。」醫師一邊比對報告一邊說：「我先開心臟藥給你，如果有問題再回診。」

離開前，我突然想起一件事情，「最近好奇怪，我的便便比黑色還要黑。」醫師一聽反問：「幾天了？」我說：「至少三天吧！」

醫師馬上拿起電話，「這邊有個緊急的病人，馬上留一張病床。」最後敲定隔天會有病床。「謝先生，請你馬上回家，明天來住院檢查，我先給你吞這兩顆藥，不准喝水，若是覺得嚴重快倒下，就請救護車載你來台大。」醫師慎重其事的交代。

我聽得一頭霧水，但心想，應該問題有點嚴重，就等住院再說。隔天我乖乖去住院檢查，才發現事態嚴重，「我剛看了數字，你胃出血嚴重到都快破洞了，真是太能撐，一般以你體重計算全身血液大概五千CC，現在都已經流失一千五百CC，所以要立刻輸血。」醫師說。

因為事出突然，我跟醫師提起不想輸血，擔心有血液感染問題，醫師說：「好吧，反正你人在醫院了，現在剛好是及格邊緣，人也還好好的，若等等情況緊急馬上安排輸血。」

醫師問我：「這種病（胃出血）的最大成因通常都是壓力大。您是做哪一行的？」

我說：「開餐廳。」醫師反問，「你開餐廳當老闆，還壓力這麼大？」

「因為我每天都在賠錢。」我說。醫師聽完回我：「這幾天先好好休息，但是之後要自己調適心情，不然一定會再復發。」

人潮＝錢潮，那產品呢？

這真是一次超慘痛的經驗，竟然還差點賠上小命。那幾天，我不斷思索檢討，當時覺得自己算是個名人，開店一定會賺，真是不知道哪來的自信，只看到許多人開店成功，卻很少注意到他們成功背後是多少的努力或失敗。現在想想，算是「大頭症」吧！

雖然我兩次創業都選對了地點，以為有人潮就是錢潮，卻忽略了最重要是店開在什麼地方，要賣什麼商品？

通化街一帶雖然人潮多，但為何生意做不起來？問題就在於商品、價位都不對。那段期間我一直在觀察，整條街上生意最好的是某家牛雜店，士農工商大家都喜歡，沾個豆瓣醬、喝點熱湯就飽餐一頓；另外生意也不錯的是家港式燒臘、韓式拌飯，還有一家兩百元左右的丼飯。

那一區的主要客群是上班族，一餐費用兩百元就算貴了。當時的我竟然一份義大利麵賣到三、四百元，還是店裡最基本的門檻，上班族哪能天天吃，起初當新開店嘗鮮捧場後，生意就一落千丈。

當時我的迷思是，只要產品料好實在，顧客自然會來；但事實是，那個地點根本不適合這樣的產品與價位。到通化街的消費者應該想吃些庶民小吃，滷肉飯、蚵仔麵線、牛肉麵這些，反而比較接地氣。

除了這些顧客心情、地點與餐點的問題外，其實開店後期，我還犯了另外一個錯。因為每天看著營業額下跌也不是辦法，有家法國零食品牌邀請我擔任顧問，原本心想：「正好拿顧問費來貼補開店虧損。」但是，想要「兩頭賺」的結果卻是「兩頭空」，因為沒心思，什麼都沒做好。這也讓我學到教訓，創業一定要專心。

其實，像我這樣開家餐廳真不是件人幹的事情，甚至像是進入監牢一樣，沒有了自由、也沒時間休閒。就像數年前瘋開民宿風潮，很多人以為找個風景優美地方開家民宿很悠哉，沒想到客人都是假日湧入，平日週間要打掃維護、假日還要營業，原本想悠閒當老闆卻成了每天工作。

創業當老闆，真的要親身體驗才知道其中甘苦，如果你也有個老闆夢，那來開一家店試試，就知道我所言是否屬實！

16 向我的前老闆們學習

在嚴長壽總裁的賞識下，
我不僅媒體邀約不斷，也出了食譜書，
甚至連海霸王想投入西餐廳市場，都來挖角。

當上主廚後，我再也沒有找過工作，畢竟幾家國際飯店的歷練，加上外國主管們的肯定，業界口碑相傳，開始有不少機會找上門。尤其嚴長壽總裁邀請我參與的那場座談會，後座力很強。

有天我接到一通電話，對方自稱是海霸王集團謝和江總經理，她說：「謝主廚，您好，我在觀光協會主辦的座談會聽到您的演講，因為我們小老闆（莊自強）對西餐很有興趣，想找您談談。」

月收三百萬 vs. 日入六百萬

只是為什麼這麼「台」的餐飲集團，光是辦桌就已經業績驚人的海霸王要投入西餐領域？原來是莊老闆的新規畫，想運用海霸王既有的採購優勢與連鎖經營的經驗，擴展至不同領域，而他相當看好西式餐飲市場，成立義式連鎖餐廳就是第一步。

在大飯店掌管多家餐廳我已經得心應手，連鎖餐廳的運營是全新領域，而且海霸王是台灣連鎖餐廳翹楚，主打的辦桌文化這塊領域也未曾接觸過，這些條件足以讓喜歡挑戰性的我躍躍欲試，於是私下安排了試菜、面談，彼此一拍即合。

這家新成立的「海食尚館」旗艦店，就位在中山北路三段海霸王一樓，也成為最台的海霸王家族中，特立獨行的洋餐廳，加上英國知名設計師林馬克（Mark Lintott）的加持，兼具時尚與現代感。整體與二樓以上餐廳都是台式辦桌為主，有種違和的存在，成功引起話題。

當時的我除了出書，還有很多座談、活動邀約不斷，算是小有名氣。只要別人給機會、給舞台，我沒說過「不」，因為好配合，也開始累積很多人脈。

我在媒體曝光增加、活動不斷，當時海霸王內部難免有些聲音，說我用了很多公司資源，但是老闆始終不說二話，完全力挺。有度量、充分授權，我們之間也沒上演過功高震主的情節，反而老闆很高興我能打響

在海霸王的海食尚西餐廳擔任行政主廚，與廚房夥伴們一起合影。

「海霸王」的名號。

我在海霸王一待就是五年，可惜連鎖餐廳的計畫並未成功，儘管我們再怎麼努力研發菜色，嘗試不同創意料理，生意都沒有起色。最後收場的原因不外乎：西餐廳一個月的業績最高不過三百萬元，但辦桌喜宴一天最高收入就高達六百萬元，根本不成比例！

在海霸王的工作經驗，令人大開眼界，我尤其佩服莊老闆對市場的獨特嗅覺與遠見。像是有天在主管會議上，他就直指，現在雙薪家庭多，以後消費者都不會自己做年菜了，所以我們來做。

莊老闆清楚看到年菜外賣的市場，沒想到隔年市場大開，他不僅看得到趨勢，還衝第一個。

也就是這樣的霸氣與高度，懂得物流為王、還有以量制價的道理，海霸王後來在四川建立自己的物流倉庫，還有兩條鐵道經過，從山東、東北的新鮮蔬果直送，就算不開餐廳，也以自己擅長的優勢，走出另一條經營之路。

那段時間，台灣美食烹飪節目如雨後春筍般出現，不再只有小時候的《傅培梅時間》。各台的錄影邀約不斷，獲得老闆的首肯，只要時間許可，不影響工作，我不問價錢就去錄影，迅速成為媒體寵兒，最高記錄曾經一個星期上

三、四個節目和活動。

老闆充分信任、給空間

參與電視錄影是一種全新體驗，我第一次錄影的美食節目是《美食鳳味》，表現二二六六，尤其看到眼前一台台的攝影機就結巴，一直對著「菜」說話。記得當時的主持人美鳳姐，還錄到一半就喊卡，要求團隊要練習好再錄，雖然不是在罵我，但我對自己的表現心裡有數，皮繃得更緊。

那段時期，常在攝影棚遇到阿基師，有時候我們就是先後錄影。我對阿基師的印象很深，因為每次還沒輪到他錄影時，總是一個人在旁邊看書或讀腳本，下節目後很少跟著工作人員閒聊，偶爾來聚餐也都不菸不酒。

上節目的次數越來越多，我也慢慢適應鏡頭。當初走紅程度，不管是公車、電台、路邊看板、大型招牌、電視，只要看得到的媒體，常會聽到「謝宜榮」三個字，走在路上都會被一些婆婆媽媽認出來。

過去十多年的努力終於被看見！三十出頭的我，開始覺得自己像是明星，名利雙收，那是二〇〇二年左右，我到海霸王除了薪水加倍，年底收到稅單才

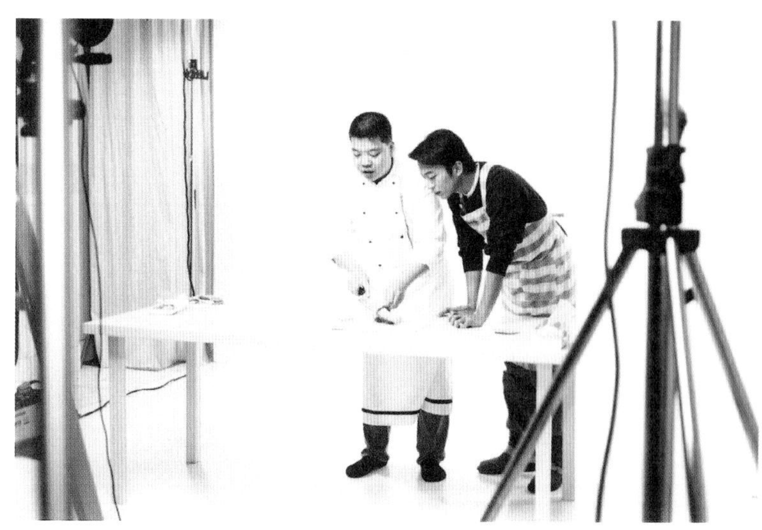

當上主廚後，我成為媒體寵兒，還曾經和台灣戲劇一哥陳昭榮（右）錄影合作。

知道，光是錄影、活動業外收入還曾高達三分之一。

我真的非常感謝莊老闆「用人不疑、疑人不用」，願意給員工很大的權力與空間。儘管每星期我有將近一半上班時間在錄影，但其他時間我都是全力以赴，幾乎都不休假。這也因此引來女友不斷抱怨，「你的眼裡只有工作！」

在海霸王工作期間，發生了一件令我相當難過的事情，就是生病多年的爸爸過世了。惦記著爸爸從小教育我要珍惜每個機會，不要造成別人困擾，於是我當天先回家跟哥哥們處理喪葬事宜，告一段落，隨即銷假回到工作崗位。

或許，忙碌也能忘記一些傷痛，但在外人看來，不免覺得我很無情，其實珍惜每一個舞台，就是爸媽從小教我的敬業態度，也是我哀悼父親的另外一種方式。

上海經驗學商場管理

在我第二次創業失敗，收了義大利麵店後，曾應一位台商老闆邀約，短暫到上海工作，這位蔡總也是我人生中的重要貴人，至於這段因緣，得從我出的食譜書說起。

烘焙起家的蔡總，是早期麵包複合店的始祖，他在上海的麵包店裡開了一家餐廳，趁回台灣時開始研究哪些料理適合在店裡販售，無意間在書店看到了我的書就買來研究。

巧的是，蔡總正在看書時，有位訪客趙總來了，一見到蔡總看的書就問起：「你是麵包師傅怎麼看起食譜書？而且這還是我朋友出的書。」蔡總一聽到，馬上就請趙總介紹。當時我在喜來登擔任行政副主廚，他們便一起來餐廳找我。

認識之後，我才知道原來蔡總是烘焙師傅出身，在大陸開麵包店，打著「麵包師傅開的麵包店」名號，在上海做得有聲有色，是一位成功轉型經營的廚師。之後，只要蔡總回台灣，都會來找我聊聊，彼此一直保持聯繫，就像朋友一樣。

後來我自己開了店，蔡總也常特地過來捧場。那次，蔡總剛好來到店裡，我談起：「蔡總，我的店準備要收了。」他是個明眼人，在商場打滾多年，也不多問，直接說：「那我們一起來開店，我出大錢你出小錢。你看怎麼樣？」

對於蔡總的支持，我真的很感動，因為人在失敗鬱卒時，還有人這樣看好，但我回覆他：「我也算是小有名氣的廚師，這次又創業失敗，真的很沒面子，大家都看衰，現在還沒有心情另起爐灶。」

蔡總是個惜才的人，他馬上接著說：「那等你準備好，一起到上海跟我打拚，換個環境，看看外面世界有多大，也散散心！」這番話，倒是打動了我。

同樣廚師出身的他，對於我的境遇感同身受。雖然喪志，但我想想，許多西進的同業卻少有像蔡總這樣的成功經驗，如何做到這樣的規模，能跟在旁邊學習是多少人求之不得的機會。還有一點，創業失敗的我，想看看自己有多少能耐，能否東山再起！

這樣的心情轉折，讓我隨即振奮，把店收了後，便收拾行囊直奔上海。此舉一度引來同業間有人傳言，說我開店失敗落跑，各種耳語不斷，但事實並非如此。

管兩百人工廠大陣仗

我在上海待了大概一年左右。蔡總的企業旗下已經有三十多家店，其中一家先轉型以麵包店加餐廳的形式複合經營打頭陣。而我的第一個任務，就是管理有二百五十名左右員工的中央廚房。

蔡總對我非常照顧，安排人生地不熟的我住在他姊姊位於上海的家，彼此有個照料，而我也拿出過去拚命三郎的本性，全心投入工作，甚至經常三更半夜都在工廠加班。

有一晚，已經半夜一點多，突然辦公室的電話響起，電話那一頭的警衛說：「外面有工人鬧事！」我在現場一聽有點莫名，才剛上任也沒遇過這樣的場面，根本還沒摸透當地的員工文化，只好硬著頭皮打電話請示蔡總，「蔡總，工廠外面有工人鬧事，要怎麼處理好？」

這個小插曲後來不了了之，但也意外讓蔡總得知，他請過這麼多人，只有我真的拚到以工廠為家，從此對我更加信任。我天天跟在他身邊，從沒休息請假過，除非假日時候，蔡總要我跟他出去，只有這種時候才算休息。但其實以蔡總個性，「出去」也代表著到各店家刺探軍情，他已經徹底的工作就是生活，生活也是工作了。

對我而言，這樣的生活還算好，因為早在決定離開台北時候，就已經打定主意，「如果沒辦法幫老闆賺錢，就不再開店。而且先幫老闆賺，才能自己賺。」

這時候的我心裡很清楚，自己不會再回到飯店體系，即使有再賞識的主管，在喜來登擔任行政副主廚的頭銜，我也已經做到頂了。

每天在上海每天管理工廠兩百多人，這時候才發現，當初在華國遇上的魔鬼總監泰瑞那一套軍事化管理非常有用。我一上班就把所有人叫來集合，當場宣布以後工廠裡的規矩當眾說清楚，只是事後想想覺得實在很冒險，萬一有人起哄，後果可能一發不可收拾。

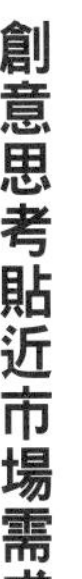

創意思考貼近市場需求

遇上困境時，我都會想起蔡總的口頭禪：「這些都是過程啦！」輕鬆一句話的背後，卻是多少的艱辛過程。

我至今還是非常崇拜蔡總，在他身邊跟著學習見識、膽識，也意外得知為何能在我人生谷底時伸出那雙手，原來蔡總也有過類似經驗。

當初蔡總和家人集資人民幣一百萬元到上海創業，因為家人有意無意的說了一句話：「如果失敗，我就當投資，要我再拿錢也不可能。」衝著這句話，蔡總咬牙苦撐，一度真的錢燒到只剩下人民幣二十萬元，是否再搏下去，他也有過掙扎，甚至壓力大到一早起床，頭髮一塊一塊掉，看了醫生才知道，這就是傳說中的「鬼剃頭」。

面對經營的困境與壓力，沒有對象可以訴苦、也沒管道發洩，再大的困難與痛苦都得自己「吞下去」，就是這種不想被看衰的心情，讓蔡總堅持至今，甚至把當初的資金翻到上億。

我記得有次遇上工人互槓出事，鬧得不可開交，甚至管理高層也快管不住，驚動蔡總，面對幾乎暴動的工人，卻能無畏的正面迎戰。我忍不住問：「您都不怕嗎？」

他只說了一句話：「如果連我都怕，這家公司就會亂了！」

碰上再大的事情，蔡總的第一原則就是冷靜。這點對我是很大的提醒，身為老闆、幹部，面對危機的處理態度應該如何，是否自己也能拿出同樣的精神面對？

蔡總是由烘焙師傅轉型為經營者，但不管是經營、產品行銷方便，都很有「創意」。

因為懂產品，每當推出新品時都必須先看是否符合顧客需求，口味、價格和設計，都會整體考量。從創新產品到生產上市，整個過程都親力親為，但蔡總也常語帶無奈的說：「自己當老闆，還要會產品包裝、設計和行銷文案，這些都是被逼出來。」

為了貼近市場，蔡總總是特別留意市場風向。像是看到當地海歸派漸多，大眾喜歡嘗鮮、口味開始轉變，他一嗅到商機，原本以日系麵包起家的門市，便搶先同業推出歐式麵包。有次父親節，他還與團隊設計出襯衫造型的蛋糕；提出複合式麵包店的構想。

可能是我喜歡做中學的個性，跟著蔡總工作期間的經歷，與過去接觸的領域都不同，更加激發我想要學習的心，努力吸收這些與經營相關的知識與經驗。

舉例來說，當工廠要添購設備時，不是只考慮設備是否先進、價格，還得評估現有數百名員工，所以設備需要自動化，或半自動化。這些都要站在老闆的角度換位思考，才能更加全面到位。

只是後來內部又發生一些意外狀況，我很明白，若是再次面對同樣的危機，自己仍然無法像蔡總一樣冷靜處理，於是決定離開上海，到幾個城市拜訪朋友後，才輾轉回到台灣。

創業前 先幫老闆賺錢

我認識一位萬豪飯店集團的主廚，對數字非常敏銳的他曾說：
「我以後一定會當總經理，
因為我懂得幫老闆賺錢（I can make the profit for boss.）。」
最後他也用事實證明了。

在上海一年期間，我消失在台灣的餐飲業界、媒體前，只跟家人聯絡。跟著蔡總磨練後，「我回來了，也準備好了！」甚至痛定思痛，暗自下定決心，要有能力先幫別人把店做起來，再談創業。這也是我在上海沉澱期間的領悟，也是接下來重新起步的功課。

因為無法忘情創業開店，為了累積經驗，我起了一個念頭，「我希望有機會做一家全新餐廳，而且是老闆全心放手讓我做。」

很多人看過《祕密》這本書，我也相信書中所說「心想事成」的力量。第一次覺得原來可以透過這樣的力量集氣，就是前台中市長胡志強夫婦發生車禍意外，他在螢光幕前請大家為妻子集氣的畫面，讓人動容。

在我的生命中，也常常起了念頭，就像是向宇宙下訂單，機會就會上門。

從無到有打造一家店

那是二〇〇八年左右，我從上海一路南下探望朋友，由香港過境準備回台，第一件事情就是找出原來的手機SIM卡換上，馬上收到一通未讀訊息，是曾任喜來登總經理的盛緒平留言，他說：「我朋友要開一家新餐廳，需要一位行政主廚。但是，細節要親自談。」

「真是太好了！」雖然當時連業主是誰都不知道，但我覺得這是老天爺送上門的機會，一定要好好把握。回到台北，馬上就聯絡對方安排面試。

這位老闆是集思國際會議中心的包商，他們的盤算是，會議中心總會需要用餐、點心，每次都是叫便當、外燴，何不自己開家餐廳供餐，但是到底這家餐廳要開在哪或規模大小，都還沒有具體的想法。

當下我一邊聽，心裡暗想，太巧了，這正是回台灣後接下來想做的事。我想知道這些年來，自己到底有沒有能耐可以從無到有打造一家新餐廳，能不能經營得很好？

跟老闆充分溝通後，我隨即到集思報到，開始找尋開餐廳的地點。

轉換為經理人角色

許多人對台大的集思會議中心印象深刻，加上老闆和台大的合作關係，所以我以此地為中心點，尋找校區周遭是否有合適的地點，後來選定明達館一樓，雖然靠近辛亥路，相較公館地區的熱鬧、人潮有點距離，但整體空間感不錯。於是透過公開招標過程，成功拿下這個空間，開始籌備新餐廳。

如果是以前的我，第一件事情就是窩在廚房開菜單，告訴老闆我想做什麼樣的菜式，畢竟當初要求是找一位「行政主廚」。

如今我轉變自己的心態，思考的是，「要如何把這家餐廳做好？」不僅參與更多籌畫細節，從餐廳定位、裝潢設計、產品訂價，該用什麼樣的設備和餐具，從大到小、裡裡外外都親自打點，希望建置出一家具有整體設計感的餐廳！

我開始向老闆提出想法建議，要自己當個可以走出廚房的廚師，一個規畫、經營者，終於催生了Living One。

我花了很多心思在觀察，很多時間去思考，要如何經營一家店。我自知最大優點就是可以長時間工作，既然內場廚房不成問題，那外場和行銷的弱勢，就靠多請教資深的同行前輩指點。

不過，從中也感受到「隔餐如隔山」，雖然到處請教，但不同體系規模、菜系會有不同規畫與服務細節，還是要自己過濾評估，才能找出最適合的經營模式。

內外場行銷公關也自己來

為了開這家店，耗盡我極大心力，我告訴自己，這家店一定要做起來，才能證明自己有實力去經營一家店。就像我很喜歡用一句話提醒自己，也告訴員工：「用自己的雙手，把這家店做起來。」因為老闆把店交給我，就是要成功、賺錢，沒有任何理由或埋怨。

從報到、籌備直到開店約花了半年時間，包括找店面、找人、裝潢……完工後發現餐廳整體感覺還不錯。只是開幕後，又是新挑戰的開始。第一天的營業額只有兩千元，畢竟老闆是獨資，花了千萬元打造，業績卻不盡理想，難免愁眉苦臉坐在店裡。我對他說：「才剛開始，給我一點時間，一定會把這家店做起來。」

有些店家一開店就急著找親友捧場、開記者會，這次我一反開幕就大肆宣傳的策略，建議老闆再等等，讓店裡的營運、內外場運作都流暢了，找記者來才不至於手忙腳亂，也能呈現最好一面。還好這點建議，老闆聽進去了。

這是一場最重要的戰役，也是我個人的戰場，賭上過去的所有經歷、能力，終於，試營運期大家漸上軌道。我便開始安排下一波的行銷活動，準備邀請媒體訪問。

雖然在台灣消聲匿跡一段時間，但媒體對我仍有些好奇與期待，不管是看衰還是看好，大家都知道我回來了，當時《天下》雜誌還特別進行專訪，用了「小店大廚」為標題。

此後，很多媒體邀約接踵而來，我都親自接受專訪，打響這家餐廳名號。我曾經創業失敗，曾是喜來登行政副主廚，結果自己開店一塌糊塗……這次我的角色不像過去只管廚房，從餐廳內外場、到對外公關行銷、餐廳所有裝潢細節，都是一手打點，真的很有成就感。果然餐廳的表現也不負眾望，我開幕第一個月雖然業績不到百萬，但第二個月後先突破百萬，第四個月更突破兩百萬元。

老闆終於笑了，也更有信心，在竹科的篤行館內拿下另一個標案，這些案子都是從無到有，由我經手打點。在集思做了一年半左右，餐廳都上了軌道，我的實力受到肯定，創業魂也再次燃起。

18 拿坡里披薩認證之路

什麼，義大利當地的「拿坡里披薩」都需要認證？
看到這個消息，我開始找資料，
而我的第一家披薩店OGGI，是全台第一家全球編號第三百六十號，
獲得義大利拿坡里披薩協會AVPN認證的餐廳。

披薩，是義大利的平民美食，也是義大利人的驕傲。

位於義大利南部的美食之都拿坡里（Napoli），為了要維持所有「PIZZA」的品質，還有一個拿坡里披薩協會（Associazion Verace Pizza Napoletana，簡稱AVPN），對於「Verace Pizza（正統披薩）」認定有著十分嚴謹的標準，

小至麵團裡加的水、鹽巴；大到和麵團的攪拌機、烤披薩的窯爐及烘烤的溫度等，每一個細節都要遵守協會的規範，才能獲得認證，掛上「正宗拿坡里披薩」招牌。

我重新創業的第一家披薩店 OGGI，是全台第一家獲得義大利拿坡里披薩協會 AVPN 認證的餐廳。

在文大校區開家店

話說我在集思從無到有建置了兩家餐廳，它們就像是我的成績單，確認每個科目都合格了，心態上也準備好了，我便開始籌畫自己的店。

如今面對失敗，總會想起蔡總的口頭禪，那些都是「過程」；而「創業開店」是我永遠不會放棄的目標。

但是開 OGGI 這家店的緣由，其實是一場美麗的意外。離開集思後，我還沒想到下一家店該賣什麼，沒想到朋友的一通電話讓事情有了新轉機。電話中，朋友興奮的告訴我：「你還在找餐廳地點嗎？和平東路的文化大學城區部租下隔壁書局（現已改為速食店）想要開家餐廳，你要不要去談看看？」

剛掛了朋友電話，我就馬上與文化大學城區部主任聯繫，了解校方關於開設餐廳構想的規畫是打算租金、裝潢、水電由文大出，廠商只要負責餐廳部分，包括食材、員工薪水等費用，另外必須回饋校方營業額的十二%。

這樣的條件很不錯，相較我自己創業必須負擔的部分少很多，於是雙方取得共識後，開始商談後續作法。只是文化大學內部還是有公文流程，我就同步準備營運計畫書，請校方送簽呈。

沒想到，簽呈不僅沒過，校方還提出更多意見，包括十二%的回饋金太低，有圖利廠商之嫌，也建議條件要調整至十八%，並且設備要由廠商自行投資等條件。

簽呈來來回回，等待定案期間，我們的籌備工作還是同步進行，像是最重要的「開什麼店」？當初我提議開披薩店，符合校區的年輕風格，而且披薩算是一種平民飲食，不論是針對校內師生或附近商圈都有生意。

設備買了卻合作破局

只是，下一個問題又來了。烤披薩最重要的就是烤爐，校方問我，「進口烤爐要多久時間？」我說：「三個月。」

沒想到，校方窗口一聽回覆，「一旦開店，每個月的租金就要近四十萬元，沒辦法等機器那麼久才對外營業。」對方還一再強調，「為了節省時間，請你先去買烤爐，我（文大）一定跟你買，一定會處理。」

這樣一晃眼就是三個月，簽呈始終沒過，烤爐卻已經躺在廠商的倉庫等了。再拖下去也不是辦法，我一度想過轉賣烤爐的可能性，但是會用這種機型的廚師太少，不容易脫手。看看情勢不太對，我重新盤點自己的資源與資金，接下來半年時間，決定放手在這個地點開店的可能性，反正頭已經洗一半了，乾脆自己來開店。

當時我最擅長的是薄片披薩，但這次開店想做的卻是曾經到義大利吃過的拿坡里、羅馬披薩。除了因為當時台灣還沒有拿坡里披薩，另一個原因是，我看到一則國外新聞報導，義大利當地的「拿坡里披薩」都需要認證，有「身分證」的。我想，如果能有認證加持，應該更有分量，便一邊尋找認證單位的相關資料。

當年雖然到處有網咖，但網路時代剛開始，不像現在每個國家、組織、資料都已經上網完備。後來終於打聽到，有個單位叫做 AVPN，我就朝著這條路前進，證明我做的是正宗拿坡里披薩。

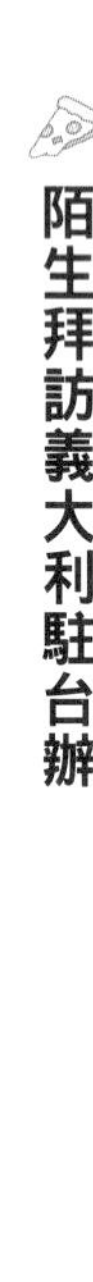

陌生拜訪義大利駐台辦

為了獲得披薩認證，也為了確定這個單位的正統性，我突發奇想，打電話到義大利駐台經濟貿易辦事處，請總機幫忙，告知主管我是個想開一家正宗的拿坡里披薩店的廚師，想親自拜訪辦事處主管請教一些事情。

現在想想，對方當時一定一頭霧水，這個人要開披薩店，找我們幹嘛？電話中，明顯感覺到對方的不耐煩，只回覆說：「我們辦事處不提供翻譯，您是否可以自己溝通說明？」這點我倒是挺有自信：「一般英文對話還可以。」

到了當天，我帶著自己出版的兩本食譜書當見面禮，前去基隆路世貿大樓拜訪義大利經濟貿易辦事處主任李奧波多．斯波薩多（Leopoldo Sposato，現已卸任離台）。

之所以帶書去拜訪，是因為出門前，我想了很久，該如何證明自己不是「詐騙集團」，又不能現場燒一道菜，還是拿以前工作照片？想來想去，就是帶著書去，至少表示專業受到肯定，白紙黑字清清楚楚。

到了現場，祕書安排我進入李奧波多的辦公室後，我先送書釋出善意，再自我介紹，「先生，您好。我是個熱愛義大利料理的廚師，」接著說明像是跟過哪些義大利名廚，跟哪些廚師一起工作，也待過凱悅飯店、晶華、華國洲際等，現在想開一家專賣拿坡里披薩的店。

講到這裡，主任理解我不是個普通廚師，也清楚我的來意。沒想到，接著他竟然請祕書進來辦公室幫忙翻譯。一聽到AVPN這個單位，李奧波多突然認真起來，打開話匣子，原來他來自拿坡里附近一個小鎮，是吃拿坡里披薩長大，竟然不知道、也沒聽過有這個認證單位。

李奧波多很意外，一個遠在他鄉的廚師，竟然對家鄉的拿坡里披薩有這樣的熱情，他馬上告訴我：「我剛好下個月要回義大利休假，順道去幫你看看，了解一下這個協會是不是真的。」

協助認證的義大利貴人

像是找到知音一般，李奧波多話匣子一開，分享很多關於正宗拿坡里披薩的「知識」，他說，這是義大利人必備的「常識」，包括正宗披薩的麵粉一定要用caputo品牌，那可是拿坡里最好的麵粉，包括起司、番茄哪一種最好，怎麼用才對。

義大利美食舉世聞名，義大利人對於吃、飲食文化與食材，也都有一定的基礎，食育非常成功，每個人都是義大利的美食大使。李奧波多一路開講，介紹自己城市的「名人」——波奇尼拉（Pulcinella）[1]，這個傳奇人物最愛吃披薩，也回饋很多開店應該要的準備，在地

OGGI成為台灣首家獲義大利AVPN認證的正宗拿坡里披薩，全球編號第360號。

披薩店的標準軟硬體，讓我覺得不虛此行，就先離開等候回覆。

義大利人天性很「慢活」，所以透過駐台單位的協助溝通，真的幫助很大，很快就得到回覆，李奧波多也持續關心我的開店準備工作。

其實，我一直非常感謝李奧波多，有幾個朋友也私下透露，他總是不吝公開對我讚譽有加，從在台灣吃不到拿坡里到現在，他親眼見證，自己家鄉的披薩能遠在亞洲的小島上造成熱潮，這麼多人投入、這麼多人愛吃，也看到我努力推廣，這樣的結果我們都很驚訝。

李奧波多很欣賞我推動拿坡里披薩，能從零在台灣滿地開花；我也很感念他，讓開一個小店的我從零開始取得認證，獲得全力的支持。

1／波奇尼拉是十六世紀源自南義大利拿坡里的最經典偶戲人物。穿著白袍白帽，有著鷹勾鼻，總是戴著黑面具，個性幽默搞笑，講起話來跟小雞一樣唧唧叫，最喜吃義大利麵和披薩！

19 一天翻桌十一次的披薩店

開OGGI這家店的時候，
起心動念只是要取得認證，為自己的專業背書，
沒想到意外帶起這股拿坡里披薩風潮，把市場做得這麼大，
現在業界有幾位拿坡里披薩師傅，也都是我的徒弟。

OGGI掀起台北的拿坡里披薩風潮，做到「三十張座位一天翻桌十一次，一天可賣出五百多個披薩的紀錄」。每天都是預約滿滿，現場總是大排長龍。一天營業額曾高達近二十萬元！

這些成績都是我在等候李奧波多消息的同時，從未想過的。當時亟欲開店

的我，正忙得焦頭爛額。因為買來的烤箱寄放在一個不鏽鋼進口商老闆的員工停車場，因為影響到員工停車動線，這位老闆也打電話來關心，到底還要多久才能搬走？

但是，我又不敢輕忽所有決定。因為過去經驗告訴我，地點的重要性也要考慮自己產品的特性與客群，所以尋找店面時鎖定在天母地區，當然這也包括口味還有消費力的考量。

很幸運，終於找到目前靠近天母 SOGO 的地點，開了我的第一家披薩店 PIZZERIA OGGI（以下簡稱 OGGI）。「OGGI」名字取自義大利文，是今天的意思，台北有一家義大利文教育中心就叫做 Italia OGGI。我很喜歡這個名稱，隱含一種動態，像是「今天吃披薩」的感覺。

找到地點，其他設備我也快速就定位，這次只花三星期就建置好餐廳，很多老台北可能知道這家店，其實後來因故換手，所以目前店內已經沒有我當時開店的影子，這是後話。

回到我拜訪李奧波多大約一個月後，信守約定的他，沒有因為我莫名的拜訪而忽略，如約在回台灣後，請祕書跟我聯絡，告知 AVPN 這個協會很正派、很棒，如果需要協助可以再找他。

認證細節多如牛毛

這真是個好消息，為了驗證我的技術與籌畫，試營運前先正式邀請李奧波多來店裡試吃披薩，也當面請教準備認證需要的資料等。身為經濟貿易辦事處主任的他，除了對家鄉美食的熱愛，也身兼美食外交的身分，於是樂觀其成，也居中協調，使得申請認證流程更為順暢。

舉例來說，非義大利的外國餐廳要取得AVPN認證，要先提供影片，包括：餐廳的外觀、內部，披薩區的工具、烤爐、攪拌機等硬體設施，接著從做披薩的麵粉、攪拌的溫度、時間，麵團的分割、發酵，整個製作的工法，烤的溫度、時間、結果，全部都要拍攝起來。

我第一次申請認證就失敗，當時收到的回覆是因為攪拌機與手法都不對，對方也很周到，同時提供三家攪拌機廠商資料，機型從價格昂貴到便宜都有。這種吃飯傢伙絕不能省，我當然選用最好的，又投入了數十萬元。

當時是二〇一一年左右，台灣算是AVPN在海外發展的第一個處女地，所以他們也希望來看一下市場。於是，我邀請他們親自來指導，協會安排兩位人員來台，機票食宿由業主負責，對當時創業已經投入許多資金的我，都是相當大的負擔，但這次沒有回頭的路，要做就做到最好。

協會人員來台後，等於從頭到尾教我怎麼做，如何做出一個正統的拿坡里披薩麵團、要注意些什麼細節，像是使用的水和溫度、攪拌的時間，還有如何測試麵團的熟成度，像是聞麵粉、麥香等。

只是從義大利當地直送的麵粉，運送過程可能受到的影響，也都要考慮進去。我特地去請教海運專家，因為義大利到台灣的航程會經過赤道再北上，偏偏麵粉又最怕高熱、潮濕，所以，我得學習判斷麵粉的新鮮度，還有因應溫、濕度變化學習攪拌麵團的程度，或者不同機型攪拌機的差異在哪裡。原先以為我在凱悅四、五年練出一身好功夫，為了獲得這次認證，所有都必須歸零重新學起。

認證小組親自來台教

還好我跟很多老外工作過，很能接受這樣的學習方式。如果沒有歸零，老是用自己過去的模式操作，一直質疑對方，這樣才是浪費自己的時間和金錢，所以先努力吸收他們怎麼做，再來思考，也是我一貫的作法。

有了專業人士面對面教導，學習起來自然快。協會專家短暫停留五天，我拚命學習，每個細節務必精準到位，一心一意把這件事做好。

特別聘請AVPN認證小組來台，那是二〇一一年五月的事。我繼續苦練、錄影，六月時候終於傳來好消息，OGGI正式通過協會審核，成為全台第一家取得AVPN認證的拿坡里披薩專賣店，也是全球第三百六十家掛上AVPN協會會員殊榮的披薩專賣店。

有了認證加持，這家店被我視為是自己的翻身力作，所以每天更努力、拚命投入。早上六點多、最晚七點半一定到餐廳，開始忙碌。當時我住在中和景安站附近，常常跟太太忙到收店整理、算完帳，搭十二點半淡水發車的最後一班捷運回家。有時候忙到忘記時間，都只能搭計程車。

有一天，三位年約四、五十歲的天主教神父穿著制服走進店裡，我看到店員們還在互推，看誰英文好要去負責點單，結果發現他們都「說中文」。

點完餐後，我一看到點單很意外，因為三個人竟然點了五個大披薩。「這些神父也太餓了？」我心裡還在納悶，等看到他們吃差不多後，就以主廚身分過去聊聊。

「我們都在新莊的輔仁大學任教，聽朋友說這裡的披薩很好吃，就一起搭計程車從新莊來。」某一位神父說。

另一位神父馬上接著說：「我們三個都是義大利人，你的拿坡里披薩真的很道地，在台灣找不到更好吃的了！因為我們是從新莊到天母，這麼遠一趟路，肯定要吃很飽才回去，不然划不來。哈哈！」另一位神父也是一邊吮指一邊點頭，把披薩吃個精光。

除了在地客人，還有名廚、義大利人的認可，讓我更加肯定自己做了對的選擇。

高標、高壓管理引起反彈

如果說 OGGI 讓我嘗到創業的甜美果實，也讓我面臨管理上的危機。如今回想，仍是美好的一戰。

過去我在飯店的行政主廚工作像是督導，務必讓飯店的每一間廚房、每一個環節的運作都能達到最高標準、完美呈現。長期下來，也用同樣的高標準在開店管理，在內部難免會有些不同聲音。

因為拿坡里披薩有技術性，有些人會因為好奇而來學習，當時還只是一般員工的小冠，也就是我後來的餐廳主廚，他主動提早一小時到餐廳備料。第一天我還很驚訝，他只是不改酷樣的說：「我不喜歡跟很多人擠，就先來做自己事情。」

沒想到，開始有第二、第三個同事跟進，這令我很開心，覺得大家對這家店有認同感。直到有位新主廚報到後，他覺得廚房空間小，能夠準時開店就好，不用刻意提早作業，幾個同事也開始動搖。

這些我都看在眼裡，但是實在生意太好，只要不影響品質，也無傷大雅。只是生意越來越好，有些潛在的管理問題，卻慢慢的累積，我還不自知。

我們夫妻的個性在工作上很互補，我太太的ＥＱ很高，從 OGGI 時代就在現場幫忙負責櫃檯結帳、付貨款，這些財務會計工作。因為我的事業心很強，幾乎所有時間都花在工作上，在我創業衝衝衝的時候，她常常是我的煞車器。但我們也有很多共通點，像是生活都很單純，即使休假時也不會呼朋引伴忙社交，她尤其安靜。

這時期我太太就是扮白臉，我當黑臉。最厲害的是，店裡發生什麼事情或糾紛，她都不會當下明講，反而事後再私下找機會跟同事說，不會當眾讓彼此都很難看、拉不下臉，因此員工都喜歡找她談心。

當時店裡常發生一種狀況：一忙起來，不管員工講什麼我都聽不進去，也不想聽，脾氣一上來，也不分青紅皂白就罵，「我就是老闆，我是主廚，叫你這樣做就這樣做！」

OGGI 的成功經驗寫下一頁傳奇，也成為台灣拿坡里披薩的濫觴（圖為當年菜單）。

而且 OGGI 當時真的做得很成功，生意量持續揚升也讓我的聲量跟著升高！就像是我的輝煌年代又回來了。有時候想想，人就是這樣子，突然大好或得志反而不好。

我太太私底下不斷幫我安撫員工的心情，居中協調；而我一心只想著往前衝，要把生意做起來，其他都沒想太多。只是生意不好很煩惱，生意太好也頭痛，每天都在要想怎麼改善。

忍痛賣掉一手打造的店

但終究炸鍋了，幾名員工爆發集體離職事件，這對餐廳經營無異是很大的打擊，對我更是重重一擊，餐廳幾乎無法營業。我和留下的員工們努力撐起，咬牙挺過幾天，又迅速補人補位。

這段期間，因為 OGGI 業績亮眼，曾有幾家大企業陸續來談併購，心灰意冷的我開始認真思考，並主動聯華，想了解合作條件。還好，他們很有興趣，前後過程大概談了半年。

期間，原先一些內部問題已經解決，事過境遷，我們夫妻還討論過，是不是就不賣店了，但基於誠信問題，還是忍痛賣掉「OGGI」，成為後來這三家店的總經理。

這是我第一次的併購經驗，畢竟這家店就像是我小孩一樣，彼此也沒有討價還價，就看看併購金額，其他法條自動略過，這也埋下另一個我忽略的重點——競業條款。

合約中的「競業條款規定五年，且雙方同意」，但事實上法定只有兩年時間，這也是我事後才知道。另外所謂「競業」，又包括哪些內容？這些當初都沒有詳細討論。

我在聯華待了三年半後，與管理方開始意見相左，大企業追求獲利，用數字看績效；但我是專業廚師出身，看的是品質重於一切。但是礙於合約中規定的五年競業條款，還要一年多才到期。

「我想要解約，但是還可以賣披薩嗎？」我帶著合約去請教律師。

「當然可以。」律師說，還提醒了一些競業的相關規定。

有了律師指點，原來併購的合約條款眉角這麼多，但是我最擅長的、想開的還是披薩店，山不轉路轉，於是我想到一個方法——開店計畫不變，在合約規定期限內，先賣燉飯就好了。

於是我又開始準備開新店，地點還是屬意天母一帶。最後落腳的地方，竟然就在天母 SOGO 對面，與 OGGI 原址斜對角位置，真的沒有嗆聲意思，純屬巧合。

因競業條款另起爐灶賣燉飯

一邊賣義大利燉飯一邊等待競業期限到，這段時間，我發現市場上的拿坡里披薩風潮正慢慢退去，三大主流外送披薩店一年營業額達四、五十億元，都是做厚片披薩，顯然這是大眾比較能接受的口味與口感。

有種義大利米蘭披薩，特色就是用鐵盤烤的厚片披薩，雖然烤的時間比較久，但比較吃得飽，也符合大眾的口味。既保留義大利披薩的特色，也有些差異性，於是我開始研究這種工法，讓這種厚片的口感更加鬆軟，不容易膩。

只是等我開始賣披薩後，推了一年，這種鐵板烤的米蘭披薩雖然受到好評，始終沒辦法打響名號，顧客仍慣用厚片、薄片區分，我也從善如流。

如果能夠重來，我在 OGGI 就不會那樣要求。因為當時我算是台灣拿坡里披薩市場的領頭羊，早期有人可能為了學習而屈就高壓管理。但是現在我已經改變過去的認證設定，把高標變成普及，畢竟現在人沒辦法像以前那樣拚，也很重視勞工權益，這也是經營遇到問題而改變的策略。此外，披薩口味與製程上也做了調整。即使一般主婦來學習都可以做，甚至也提供小廚師體驗。

從當年的阿弟仔到行政副主廚 Tom，又從威風的飯店主廚到校長兼撞鐘的披薩店老闆，這一路走來，還不錯。雖然有些人生起伏，更讓我決心想要分享失敗的經驗，「成功很難複製，但是如果可以，我真的想要幫助更多人，可以少走點冤枉路。」

20 披薩與它們的產地

來去義大利，拜訪披薩的產地，認識各種在地食材。
不只顛覆味覺與想像，還有一位松露獵人教我，
我們過去所學的、知道的沒有不對，
但「有時候勇於嘗試，結果不一定會不好。」

算一算，我前前後後共去過義大利八次，除了第一次跟團，之後都是在飯店工作、還有 OGGI 創業時期。許多廚師都會親自拜訪食材產地，知道自己產品從產地到餐桌的旅程，了解食材，也更能發揮食材特色。

我到義大利參訪也是同樣的心情，在台灣自己悶著頭做，不如走進當地，

從在地人的生活與飲食文化中，更進一步看看這些食物為何如此演進，而這些「道地」口味，當地廚師有何不同的詮釋，甚至看看別人的廚房有哪些撇步，是否有直接移植的可行性。

一般外國料理希望接地氣，為了迎合在地人的口味有些微調，畢竟口味因人而異，但我始終堅持一點，就是絕不用加工產品，盡可能天然。就像台灣廚房可見用來調味的雞粉，義大利人的料理都不用，我也是。這並非自命清高，而是對自己產品的信心與堅持，因為義大利料理的食材都很天然啊！為什麼還要使用添加物？

有人會說，義大利食材和台灣的又不同，為了調味無可厚非。但這不正考驗廚師的本事嗎？要懂得運用在地食材，不只減碳還可以拉近產地到餐桌的距離，最重要的是，新鮮！

平日我便常去逛市場，就像日本人常說的要吃「旬之味」，我們現在住在都市，離產地太遠，不一定知道有哪些當季食材或新鮮蔬菜，然而當季蔬果總是最鮮甜，也最平價。

尤其開店後要面對很多廠商，不能「吃米不知米價」，像是有陣子蒜價飆漲，到市場走一圈，就知道目前市場上還有沒有台灣蒜，還是都要進口。自己做了功課，就不會跟廠商各說各話。所以從農民、販賣者身上，可以學到許多寶貴經驗。

親自走訪義大利時，朋友還特別推薦拿坡里當地一家相當於「披薩界鼎泰豐」地位的名店。光是為了到這家店朝聖，車子開在前不著村後不著店的鄉間一個多鐘頭時間，不斷拐來彎去，但是一到了店門口卻大吃一驚，我對太太說：「我的天啊！這家店這麼偏僻，又只賣披薩，怎麼滿滿都是人。」

麵團也有生命週期

我當然不只是去吃披薩，還想知道為什麼可以做出極致美味的祕訣，跟同行的前輩好好交流，請教工法。本來也曾擔心，這是店家獨家撇步不能外流，所以特別說明：「您好，我也在台灣做拿坡里披薩，並且獲得AVPN認證，能否以主廚身分參觀一下您的廚房？」

沒想到這家店的義大利老闆很大方，算是相當自豪吧！雖然是開放式廚房，還特地讓我走進去參觀，一一介紹製程與內部設計。

其中，最讓人長知識的是——披薩麵團的保存。麵團是披薩的生命，就像一個人的心臟，餅皮做不好其他都不用講。尤其這家名店的生意量這麼大，所有麵團必須預做，又必須保持在一定的「黃金期」，所以他們作法是保存在二十五度「恆溫」的地方，當地建築都是早年的石頭建材，得天獨厚的條件，得以讓麵團保持固定溫度。

這點給我了很大啟發，所以在 OGGI 放麵團的空間，就有一台獨立冷氣一直在吹。除了讓麵團保鮮，保持最佳的口感，還有一個重點：不浪費食材，管理每顆麵團都是在最好的賞味期限內。

帕瑪區有「三寶」

多趟義大利旅行中，我印象最深的是拿到拿坡里披薩認證後，義大利在台經濟文化辦事處幫我安排到帕瑪區的行程。

有時候看書是取得知識的方式，但到產地最快最直接。之所以選這個地點是因為帕瑪區有三寶——帕瑪火腿（Prosciutto di Parma）、帕瑪森起司[2]（Parmigiano-Reggiano Cheese）和巴薩米克醋（Balsamic Vinegar），這三樣食材都與義大利料理息息相關，這個地區也成為義大利最有錢的城市。

在獲得拿坡里披薩 AVPN 認證後，我和團隊一起參加義大利當地的披薩比賽，小試身手。

這次的參訪是透過官方單位安排，比較像廠商之間的互訪，可以實際與製造者認識溝通，行前就已經詢問過我想要了解的食材項目，到了當地，相關廠商已經在現場準備簡報，每個廠商約半小時左右。因為是透過義大利駐台經濟文化辦事處的安排，全程都是VIP的禮遇，還有翻譯協助。

像是帕瑪火腿是怎麼製作的？有些人就介

紹自家火腿是選用什麼豬、怎麼醃、哪些工序，才能製作出美味的生火腿。介紹至此應該是直接試吃體驗，但沒想到，現場連怎麼切出完美口味生火腿的機器，都有專人介紹。

一般我們印象切火腿都是人工手切，但現場還介紹工業用機器的「刀片」，如何讓火腿原味呈現，機器、人工切肉的細微差異，都一一介紹後，這才進入試吃階段。有比較才覺得真是不一樣，切出來的細緻度，還有均勻度，薄到可以透光。

現場也介紹了帕瑪森起司，一般起司口感都是滑潤的，但這種起司吃起來口感沙沙的。透過影片介紹才知道，原來這種沙沙是結晶，越多表示品質越好。

2／根據聯合會規定，真正的Parmigiano-Reggiano必須使用當地的牛奶，並符合規定製程，而且熟成至少12個月。購買時則可透過印在上頭的戳章來判斷，故被稱為「乳酪之王」。

從產地到餐桌，跟著廠商安排前進帕瑪區，認識當地三寶之一「生火腿」。

接著到了起司工廠，才知道原來傳統作法要以小牛胃裡的凝乳酶（Rennet），使牛奶分離成凝乳和乳清兩部分而製成，所以有些起司並非全素。但現在沒有那麼多天然凝乳酵素，所以用人造的取代。

還有巴薩米克醋，就放在透明專用玻璃杯，把醋倒進去，晃一晃，點火可以看穿透度，就知道這個醋好不好。用聞、用看、用喝的，從透光度看陳年的時間，濃稠度、著色程度，帶甜與酸度，就像我們的醬油一樣，都會呈現不一樣的質感。

至於義大利人有多愛巴薩米克醋？現場介紹了一種令人意外的吃法——新鮮水果沾醋。想想，這跟台灣南部習慣番茄沾薑汁醬油，也算是有種異曲同工之妙吧！

在義大利，除了看食材、了解作法到吃法，還有很多可以學習的，像是政府對於這些食材的認證管控，透過分級制度，一瓶醋（或油），如果取得認證，不只讓消費者有安心感，價格也會更好。

我也參觀了麵粉工廠，讓我更知其所以然，像是「筋性」的差異，為何低筋麵粉都拿來做蛋糕，還有如何透過顏色辨別麵粉的好壞等。

從肉品的管制到橄欖油、麵粉，所有的規範都清清楚楚，也完全自動化，就像「電腦揀過」，所以平常家用的醋一瓶只要幾十塊錢，但是巴薩米克醋卻可以賣到數千、上萬元；而起司，一公斤也能賣到七百元！

參訪的內容非常緊湊豐富，雖然少了購物、遊樂的行程，卻是另一種投資自己的方式。例如義大利料理必用的橄欖油是如何榨出來，如何區分等級差異，我便很有興趣，特別到工廠實地了解。

像是先前有些橄欖油不可油炸的新聞，據我所知，一般初榨橄欖油發煙點是二二〇度，一般家裡油炸約一八〇度，其實使用上沒有問題，只是隨著溫度的上升，油中有些營養素會揮發掉，但油本身並沒有變質。

我在當地也觀察到一點，比方烹飪的鍋具，可能有不鏽鋼、鑄鐵、生鐵等不同材質，常在新聞報導中看到，常吃鋁鍋烹煮的食物容易失智，但是已經有毒理學專家也提出說明，根據先前的報導，沒有證據表明鋁與阿茲海默症患者之間有直接關聯，而且市面上有認證的鋁鍋，溶出鋁離子的機率及數量也都相當低，都在正常範圍內。義大利的家家戶戶都在用，不過他們的鋁鍋都很厚，拿起來很有分量，煎東西很好吃。

還有現在很多家庭都用不沾鍋料理，其實大家用過就知道，號稱「不沾鍋」，用久了還是會「沾鍋」，所以去參觀鍋具工廠時，我當場問了這個問題。

對方回我，「掛在牆上，不用就不會沾。」哈哈，這也算是一種義大利人的幽默嗎？

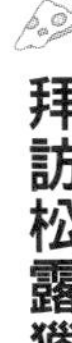

拜訪松露獵人

我餐廳裡有一道松露豬肉口味披薩，靈感便是來自一次義大利之旅。每逢松露祭，各家餐廳都是專機從產地直送，務必讓老饕能吃到鮮採口感。我共參觀過三個松露廠，很多知識都是現場聽生產者講才知道。

舉例來說，採收後的松露還可細分為很多等級。最完美的松露，光是米其林一二三星餐廳，就各自分走三種等級，價格從一萬多到兩三千元不等，成本範圍也有影響。接下來就是由松露獵人或公司分配給長期配合的高級餐廳，之後才輪得到普通餐廳。還有些小顆松露破皮、缺損的，則刨成一片片製成罐頭裡面，松露碎屑也是。

松露獵人也說明了一般採收的過程，「新鮮松露一旦出土後，拿回家就先刷掉泥土，清洗後放冰箱冷藏，另一種是把松露放在米上，蓋上蓋子，不能真空，可放一星期。」

我心裡盤算著：「我們在台灣常看到，不都是進口又大又新鮮的直送松露啊？」掐手指算算，從松露出土送到機場，飛到台灣報海關，送到餐廳，又不保證有客人等著吃，等到上了餐桌，又是好幾天過去，所以難怪每到松露季都要採預約制，才能保證量與鮮。

除了討論新鮮度，松露獵人還示範當地吃法，這點跟過去認知也有落差。一般認為，松露最適合搭配味道清淡的食物或食材，例如雞蛋、吐司、麵條，才能凸顯出其獨特的味道；但松露獵人說：「搭配味道比較淡的食物確實沒錯，但是我也做了一款口感強烈的松露辣椒醬，也超好吃！」

光聽到就食指大動，真的口味很棒，辣椒與松露味道加乘，像是強強聯手，更有韻味與層次，也打破我過去對於食材料理方式的想像，還問了作法回台灣試做。

為什麼會想出這種打破既定印象的創意配搭方式，松露獵人只說：「有時候勇於嘗試，結果不一定會不好。」確實，過去我也曾經歷過這種，原先的料理方式很好；可是越磨練後已經不會這麼想，每一種創新都是一種挑戰啊！

我是個很喜歡挑戰的人，不論是新環境、新主廚，都很能適應。在飯店工作，隨時會有新主管上任，新工作方式與標準，甚至把過去的所有工作習慣都改掉。

以番茄醬料為例，換了主廚可能就會改變作法，或者改用其他品牌番茄醬汁。起初，我會覺得為什麼要改？但是，後來會轉念，這樣可以多學一種作法。現在我就知道，美國人做的番茄醬料是烹調過的，義大利人為了保留番茄的單純原味就用生的沒熬煮，我發現更好吃。到底哪種作法好呢？就因地制宜、因人而異了。

做菜沒有絕對，端視個人口味，有人喜歡酸一點，有人喜歡甜一點。有時候，你先吃到什麼，味道就已經埋在大腦裡了，所以，味道與記憶密不可分。

21 創業夢想與現實的距離

地點再好也有做不好的店，地點再差也有做得好的店。開門做生意，可以透過學習典範名店，做好服務、提升顧客滿意度。

近年來，台灣街頭巷尾的咖啡店、手搖飲連鎖店非常火熱，也常有年輕朋友說：「我的夢想就是有家自己的咖啡店。」對於年輕人的熱情與夢想，我總是不忍當場潑冷水。

這些年來，根據我「過來人」的慘痛經驗，「開店」說來簡單，但過程甘苦自知。那些創業失敗教了我什麼？首先，有很多功課一定要做足。

選點與產品關係密不可分

對我而言，第一個功課就是：選點。

買房、行銷都會強調 location, location, location，「地點」真的很重要，人潮就是錢潮，這是基本定律。想想，路過的人有一千人，還是一百人的生意會好？當然現在最夯的雲端廚房例外，做生意真的天涯海角都可以做，端看你怎麼做。這也就是第二點：賣什麼產品？這種商品適合在什麼地方賣？

像我當初在通化街開店，地點人很多，為何做不起來？因為商品、價位都不對，就是最好的例證。至於地處偏遠但依然生意好的例外，像是發跡於新北市萬里區的知名甜點店亞尼克。但他們生意會好，在於遠道而來的過路客，畢竟開車出去跟走路出去吃東西，花錢的力道哪個強？

雖然離市區很遠，但是甜點畢竟不是每天照三餐吃，趁著出遊，邊吃邊玩反而對消費者增加新鮮感。何況已經出一趟遠門了，就不會當場只買個蛋糕吃，肯定還會外帶。以我為例，一家三口開車到了那裡，夏天時候肯定就先一人一支雙淇淋，而且排隊那麼久，等輪到我的時候，那種心情恨不得每種甜點都買一個才夠本；若是沒什麼人排隊，反而挑三揀四，這個不要、那個不要，只選一兩個就好。

對於餐點新鮮的要求，我有一個「蛋花湯」哲學。舉例來說，如果你想喝一碗蛋花湯，會請家人煮好放著，還是回家現煮？為何不先預煮好湯，回家就有得喝？我想，那點些微差距的味道大家應該很有感。

尤其是披薩、義大利麵這樣的商品，同樣就是要現點現做最好；但是，因應現在的外送文化，當然又另當別論，甚至包括我持續研發的冷凍披薩，如何讓味道還原度更高，也經過很多的實驗與測試。

在義大利料理中，起司也是重要主角。我捨棄一般市面的冷藏起司絲，而是整顆的大起司，不同等級味道不同，除了跟年份有關，是否現刨也有不同風味。想想是要刨好一大桶起司放著，還是現刨像是雪花般灑在料理上，兩種香氣肯定不一樣，光是客人在視覺上的感受也大不相同。

雖然現在很多餐廳都加強行銷、宣傳，但是我開了OGGI後，對品質要求絕不打折，是至今不變的堅持。

餐飲食品業界對新鮮的要求不一而同。我最佩服的店家之一就是亞尼克，草創時期主打堅持產品不過夜，這點我本來有些好奇，畢竟只要保存得當，蛋糕放個三、四天都沒問題。

有次電視錄影時，遇上亞尼克創店的老員工聊起這段故事，他說：「我可以掛保證。」這位員工說，剛創業時生意確實不好，老闆要他去處理掉沒有賣完的蛋糕，一度還很錯愕，再三確認。後來生意太好，幾乎很少蛋糕會放過夜，少量仍在保鮮期的隔夜蛋糕，則會切給排隊久候的顧客試吃。

把產品做到極致化、差異化與單純化

如果是小資創業，可以做單一商品，但一定要極致化，把商品研究到最好吃。即使只賣一種肉羹，但每天新鮮現煮，好吃自然會有口碑，像是萬華在地隱藏的美味，有家花枝羹一碗賣一百元，乍聽很驚人，但口口都是真材實料，顧客照樣排隊上門。

因為人力成本高又不好找，小店規模很適合單一商品，像是三明治專賣店、或是漢堡店、沙拉店……，資金越少的情況下，只能選擇設備越少、人力越少的，越好操作。

除了把產品做到極致，還要有差異化，像是早餐店，現在開始有碳烤吐司，不再只是傳統吐司機烤麵包；漢堡肉也改用肉片取代，看得到食物原形，反而更受歡迎。

商品單純化還可以省下投資設備，就有更大的空間去設席，也不要過度設席，因為一個人的產量真的很有限，如果只有一個人，就慢慢做，比方說，可以做十個座位，就不用硬做到十五個。有時候讓客人排隊，也會引起好奇，但也要小心，讓客人等太久會適得其反。

學習業界的典範

第三點，就是學習業界的典範。沒開過店，至少要多觀摩別人的店，而且是賺錢的店！我開店的學習對象就是鼎泰豐，除了產品品質好，餐點都現點現做現蒸，還有叫號、翻桌率、餐廳文化，都有很多可學之處，尤其自我要求的高標準，真的很讓人佩服。

就像二〇二〇年新冠肺炎疫情期間，有餐廳因為生意慘澹必須休業，但是去鼎泰豐吃飯還是要排隊！只是少了觀光客，候位時間縮短很多。但看起來他們並沒有多做什麼，環境依然乾淨明亮，師父們還是帶著帽子、口罩，很多都是平時就做好做滿的，頂多帶位的外場服務戴上口罩，入口處量體溫、噴酒精，或者擦桌、桌距這些細節不太一樣，但整體而言，顯見這裡給消費者相當的信任與安心感。

服務細節就是這樣學習來的。有一次我到西堤用餐，因為現場客滿一起候位，等入座後，趁著大家都在看菜單時，我的職業病「發作」，開始觀察四周。我先是發現隔壁桌是剛剛同樣候位的前一組客人，其中一位小姐突然做了一個打哆嗦動作，搓搓自己手臂，可能是座位在冷氣出風口，有點涼意吧！我並不以為意。

沒想到，幾秒後有位服務人員馬上過去，手上端著一杯水。我聽到他們對話：「小姐，您好。不好意思打擾了，這個座位區比較涼，您先喝點溫開水暖身。如果等等還是會冷，我幫您準備一條小毯子。」

原來服務可以做到這樣！客人只是一個小動作，服務人員已經推演好狀況，並且即時上前關心，難怪總是門庭若市。

餐飲業的從業人員就是要有這樣的「目色」（台語：眼力），要能察言觀色，在客人提出需求時，就把服務做到位，才是專業。

避開別人的失敗經驗

我常去淡水的一個傳統市場買菜，注意到有個半坪左右的雞肉店，每次路過看店裡生意都很好，有次就跟阿姨聊起來，「我看您心情很好耶，都笑臉迎人，難怪生意很好。」

她說：「我們在市場四十年了，什麼客人都有。就算只來買三個雞屁股，也要謝謝客人，做生意就是這樣。要趕走一個客人，三秒就夠；要養一個熟客，只要一個笑容。」

這句話，讓我很受用，開店做生意就是要注意這些，簡單一個眼神或動作，只要是發自內心的，客人一定能感受得到。

面對客訴的處理也是，耗損的成本不多；若是處理不好，一下子就黑掉，尤其網路上就會收到一顆星的評價。大部分客人是來吃東西，不是來找碴的，務必要非常謹慎，一定要帶著滿滿的誠意解決問題。

舉例來說，有一次店長告訴我收到客訴，前一天來用餐的客人打電話來，說用餐後回家拉肚子，還去掛了急診。

我知道這件事情後，馬上打電話致意，也請客人將門診發票、用餐收據寄回，告知會予以賠償。

當時店長一查，發現這幾位客人當天是刷卡消費達四、五千元，我也二話不說，直接請店長聯繫全數現金賠償。原則上，面對客訴，只要客人反應，我一定百分之百的相信，並且用最大誠意快速處理。

多學習不要自我設限

關於創業，最快的學習方式就是觀察別人失敗的經驗，然後避開，這也是一種學習。就像是路上有個洞，已經看到有人跌倒，繞過去就好。

我相信，只要做好一件事——品質好，小店不用像大店，同樣會養出自己的客群，不要想肖貪，偷工減料最後常會得不償失。

有人說，開一家店要半年見真章。但我自己的見解是，一家店至少要撐三年，才知道能否繼續撐下去。尤其現在市場淘汰換新速度很快，維持品質的穩定度，是很多餐廳經營的最大致命傷，像是有些店家換了第二代接手就走味，這些例子更是屢見不鮮。

對於餐飲業來說，最關鍵的還有一般客人看不到的細節。

雖然我以前當到行政主廚，覺得自己廚藝那麼好，出來開店的生意一定會很好。但是開店之後才知道，原來以前是整個「團隊」在做事。以「番茄美食節」為例，我提案獲得老闆首肯後，就請採購去找番茄，公關負責媒體行銷，美工設計宣傳品、布置餐廳，外場要支援人力，廚房我自己帶。這些事情在飯店都有專業部門負責，就是分工合作，打團體戰；但是自己開店創業，就是要自己全包。

如果想要創業，一定要多去學習。像是在上班時候，多去問採購，如何去比價，為何選擇這一家，如何驗收，每個部門都有各自的專業，平常都要去了解。也可以去問，譬如美工這個設計的概念，用什麼題材？問一下美食記者，如何與媒體維持關係，這些都很重要。

如果覺得我只是個廚師，為什麼還要做這些？若是有這種想法，那可能就不具備開店資格了，因為沒有這些本領就去開店，不過是拿錢買夢，跟我年輕時候不懂事一樣了。

22 「享有」與「擁有」

人們總是在失去或離職之後，
才知道原來在公司保護下「享有」那麼多；
但是，我始終沒有放棄創業的念頭，
就是因為我選擇「擁有」一家自己的店。

為什麼我已經成為國際飯店行政主廚，有名有利，卻還是難忘創業夢想？這可以從「擁有」與「享有」說起。

當個行政主廚，對外有個好頭銜、高知名度，媒體各界認識我、來找我；但如果有一天，當我離開這個地方，沒了飯店名氣加持和頭銜，就什麼都沒了，這就只是「享有」。

像現在，我擁有兩家披薩店，即使二〇二〇年，全球面臨這麼大的疫情衝擊，但是我自己的店，我可以做決定回應方式，就算不想做了，若兒子願意接手、成氣候，我還可以傳給兒子，這是「擁有」。

之所以有這樣的想法，是看著專業經理人嚴長壽總裁，退休離開幾乎等同他的亞都麗緻集團帶來的啟發。還有前些年，統一超商前總經理徐重仁離開待了二十六年的職務，當他在自己的書中提到，「人生就像搭火車，一站又一站，直到有一天發現自己成了火車駕駛……但是我還是必須下車……」看到這裡，讓我更加篤定要開一家屬於自己的店。

工作老是不順心順眼

人們往往對於自己所「享有」的，像是在大飯店、大公司工作所有的許多附加價值，通常都是失去後才有感。尤其是轉換跑道者，常常發生適應不良、水土不服的狀況，我也不例外。有時候是「比較心」的關係。

這得從離職的原因講起，有時候是被挖角、不滿現況，這就可能包括對自己的期待或對前一個工作的不滿。

我換過很多工作，從一般餐廳到五星級飯店，還待過只有兩個人的廚房，又經過台北凱悅的高標歷練，那五年已經養成不同的眼界、工作習慣，所以離開之後，對其他環境都無法適應。就像是以前都搭勞斯萊斯車子的人，現在換成雙B一樣；即使到了華國洲際，所有的人事規模、設備都比不上。

像是到了海霸王，我身為西餐部門最高主管，曾經滿懷抱負想改變這個環境，但真的很困難，因為每家公司都有自己的文化。所以，一旦要換工作，要學習、適應這個環境，都有各自的優點，是自己要去調適，若是總覺得什麼都不對，做不到位，就只會自己鬱卒得內傷。

我還記得到海霸王報到第一天，謝和江總經理便對我說：「從今天起，謝主廚，你就是這家餐廳最大的主管，事情到你為止，不要再把問題往老闆那邊丟了。」

從那天起，我遇到問題便想怎麼解決，去找老闆時候只有答案。例如我想買台蒸烤箱，我先做好功課，把品牌、功能、性價比都做好評估，老闆只要決定YES或NO。如果老闆決定不要也沒關係，再想其他辦法解決。

過去換工作，我也常犯一樣的錯，不斷的抱怨比較，以前用的爐子、鍋子多頂級，怎麼現在的都不好用；以前出餐很順暢、有SOP，為什麼這裡亂成一團……什麼都看不順眼。

當時成天怪別人、怪環境有問題，而非改變自己的心態。事實上，真正的關鍵是自己，離職後一定要往前看，該怎麼融入新公司、完成被指派的工作與任務。也就是以現有資源去創造，比以前做的更好。

從得失心到平常心

換個角度思考後，每換到一個新環境，我不會再像以前一樣每天抱怨。不過，我從未放棄想創業的念頭。不管人生在哪個階段，創業經驗都是最寶貴的——不論成功或失敗。

尤其在通化街創業那次，壓力大到胃出血，醫師說：「這種病都是因為壓力大才會發生。你要自己學會調整心情。」這句話我從此就放在心上。現在不管遇到多大的困難，都會練習不要給自己太大壓力，想辦法調適。不然就會反映在身體上，出現警訊，甚至其他問題都會接踵而來。

只是說來簡單，要放下很難。前幾年，我常遇到一些公司的問題和困難，那時候就每天開始散步半小時到一小時，用這段時間思考、沉靜下來，甚至有過最壞的打算，就是關店收起來。但有了最壞打算，反而心情不再鬱卒。轉念，也是一種學習與成長。

舉例來說，我媽媽住家附近有家日本料理店，每次經過都會看到老闆苦著一張臉，坐在店裡看著店外。這樣的情景是否似曾相識，看到這樣不開心的一個老闆，很難想像他能做出好吃的料理，或讓人有食慾吧？

一個開心的廚師才會做出令人吃了覺得開心的料理，所以只要路經我的店面附近，或我在店門口透氣時，只要看到人，不管認不認識，我都會開心打招呼，「早安！」、「午安！」、「您好！」剛開始有些路人也會表情錯愕，不知道該怎麼反應，但是，大家也常常就回以一個笑容，點個頭。

是不是，有個陌生人願意送你一張笑臉、一天開心的好心情。這樣多好！

從過去的得失心到現在的平常心，我目前在店裡的角色就是「支援」，都交給店長跟主廚打點，如果需要才去。

有天我看到報表，前一天的業績很好，但是才三個工作人員在現場。我打電話到店裡問：「昨天生意那麼好，怎麼沒找我去支援？」

主廚酷酷的回我：「就還好啊！」

在我旁邊的太太聽到，她說：「人家就不要你去啊！」意思是他們自己可以搞定，只要老闆在，多少都是會有壓力。

我太太平常總是很安靜，不太講話，但是，每次開口都一針見血。我常看業績表現時，心情跟著上上下下，她始終表現很淡定。

慢慢的，我也知道，不能只看單日業績，因為就算我當天在現場自己下去做，沒客人就是沒客人，並不會改變什麼，搞不好業績還更慘。確實，有天中午我在店裡，竟然只來兩桌客人，店裡員工比客人多，這能怎麼辦？相信員工也希望自己工作的店裡生意好一點，但有些現實就是無法改變。

要求完美不對嗎？

現在的我，在經營上更追求一種與員工共好的文化，珍惜目前所「擁有」的。像是洗碗，沒人洗就沒有乾淨碗盤可用；要上菜了，難道主廚要放下鍋子，自己去送菜？一家店的成功有很多條件；店裡的每位員工，都很重要。

OGGI的經驗與教訓，給了我一堂很重要的創業與管理課，即使是公司的擁有者，也無法一個人單打獨鬥，創造出那樣的奇蹟。

以前戒不掉的三字經，做不好就破口大罵，現在我都改了。過去五星級飯店工作每個動作都要很精準，要做到「perfect」（完美），現在也讓步，要在目前的條件下，做到最高標準。

創業教給我的課，每一堂都是親身體驗與經歷，這條路很不容易，但是我願意分享更多這一路上的笑與淚。

尤其全球遇上新冠肺炎疫情，許多產業大洗牌，國際飯店集團受到很大衝擊，不少餐廳、老店更不敵大環境，傳出裁員、縮編新聞，令人不勝唏噓。這點我仍然相當慶幸，有員工相挺，還有些一直想做而未行動的計畫，終於可以執行啟動，像是冷凍披薩、外送等服務。品質不減、服務加值，都趁這段期間改善，挺過這個市場寒冬。

23 當老闆不只是開店等收錢

在飯店當行政主廚，只要交代一聲，要什麼頂級食材、設備都有專人處理。等到創業要花自己錢時候才知道，小到一張名片都有學問。

前陣子，一個朋友來看我，看到店裡的名片、新菜單，問道：「這名片還雙面彩色印刷，新菜單也重新拍照設計，肯定下重本！」沒錯，我說：「真沒想到當了老闆，連一張名片要找人設計、估價，都要自己來。」

當老闆，絕對不是坐在櫃檯後面收錢、在家數錢。就像媽媽管一個家一樣，每天一睜眼，就是柴米油鹽醬醋茶；當老闆呢，店一開張，就是要店租、水電費、員工薪水、買食材……大大小小，你想得到、想不到的費用都會發生。

當了老闆才知道

以前做專業經理人，都指定要什麼樣的進口食材、商品等級，因為是公司埋單；但等到創業，要花自己的錢，才發現什麼都不一樣了。重點是：當老闆後，我知道錢該怎麼花。換句話說，就是善用每一塊錢，發揮到最大效益。

「創業，沒有錢就沒有膽！」這是個人見解，但這裡指的不是「創業金」，創業開店後燒錢之快，恐怕是當上老闆那一天才會懂。

想開店的人，不論營運企畫寫得再完善，也要等店門一開才見真章。一開始都是紙上談兵，沒辦法評估這麼仔細。創業後要記得一件事情：先求「活著」，再談理想。切記！切記！

有時候我們說隔行如隔山，但我卻覺得「隔餐如隔山」。不同餐廳型式、規模，財務的建置管理也差很多，這些都是請教專業最清楚，而且最好諮詢幫餐廳做過帳的會計，才知道開一家店收支比例應該多少。當然既然都問了，對方的意見也要聽進去，不要一意孤行。

另外，手上資金有多少，才開多大的店。很多企業大玩財務槓桿，我清楚自己沒這個膽，更不會負債借款去開店，因為即使是向銀行貸款也是要還、甚至還牽涉利息問題，每一分一毫都要精打細算。

如何評估有多少錢就開多大店？我有一套算法：假設手上有兩百萬元，我會建議開一百萬元的店，另外一百萬元的現金當作預備金。不要小看一百萬元只能開家小店，其實很多大企業也是從一家小店開始，就連鼎泰豐剛開始也是一家而已，沒想到現在全球知名、滿地開花。

意想不到的沉默成本

另外，開店以後才知道，很多錢都是算不到的，後來慢慢接觸財務管理，才知道這就是所謂的沉默成本。

例如遇上新冠肺炎疫情，店內必須添購紫外線殺菌燈、消毒水、清潔工具，這些都不在原先營業範圍之內的設備與費用。類似這種狀況，都是創業之初沒人想到，也沒人想遇到的。

而且我自己的龜毛個性使然，加上目前餐廳經營模式是「親子餐廳」，我更主動把規格提到最高，這種錢一定要「捨得」。雖然只是家小店，不像大企業有各界專家評估，於是我就從模仿業界的模範生開始，因為既然都有人做好功課，就去學習效法，沒什麼好丟臉，例如消毒液，就向廠商打聽鼎泰豐用哪一款，跟著用就對了，雖說能省則省，但是不要為了這種小錢而拿店裡的顧客、員工與生意開玩笑。

另外，生意越不好，有些店家會想要降低成本偷工減料，但我反而要把品質弄穩。

一分錢一分貨，就像店裡的那鍋高湯，從創業以來，就是用一隻老母雞慢熬五、六個小時，不管外界任何衝擊，從一碗湯到一家店就是真材實料慢慢熬，只要始終如一，客人還是會上門。

有時我甚至會逆向操作，把產品改善到更好。例如餐點中會用上的干貝，之前用一顆五元大小，那就要改成十元大小；蝦子尺寸也加大，可能成本會增加一些，但是只要顧客上門、生意好就會回本。

生意不好產品要更好

就像當年王品集團創辦人戴勝益常說的「三wow」：好大盤、好好吃、好便宜。讓商品從視覺上就先贏，這裡不是指擺盤，還包括食物的分量、烘烤熟度、肉片厚度。

該花的錢要捨得，但財務要緊盯，在我的公司就是只有一本帳。這些財務相關概念，是從錯誤中學習而來。當初在通化街開店時，都是手開收據，因為平時都在廚房忙，沒想到前場工讀生竟然上下其手，揩了不少錢，我還被蒙在鼓裡很久才發現。那次經驗告訴我，帳要自己管，所有收據更不要漏開，規規矩矩完成，也不用擔心哪裡有問題，甚至有被踢爆的情事。

每個人有自己的強項，像我開店就是慢慢磨出心得，看清自己最弱的一環就是「財務」。幸運的是在聯華任職時，必須在集團內部會議進行財務報告，才學會看財務報表。

至少拿到損益表，看幾個關鍵數字，要抓問題還可以。不過，我並不贊成全然的數字管理。比方說食材成本，公司希望控制在三三%以下，我不會強制去規定多降二%就可以省一點，因為過度用數字會降低品質，反而「不浪費」

才是省錢之道。

傻瓜成本控管法

像凱悅飯店的食材成本要求就很嚴格，每天都要維持固定的成本，若是超過一至三％就會被主管關切，要求立即做出改善，若是無法達到上司的要求，這位主廚可能很快就會被開除。但是也因此養成很好的習慣，晚上下班時候，冰箱幾乎沒有什麼庫存，讓食材新鮮又能控制成本，一兼兩顧。

舉例來說：用蔬菜熬高湯，皮也可以用；切牛肉的時候減少頭尾的損耗，每一塊的重量避免誤差。從細節去要求，就可以省下不少錢。尤其食材部分的控管原則更簡單，就是先進先出，不會有食材放到即期，這樣就可以浪費更少。

這些年下來，我有個「獨家」算法，也跟一些會計師分享過，他們不太認同，認為還是需要精算，但我自己實際運用很簡單，最重要是「很管用」。

以餐廳的房租為例，有些人認為要控制在營業額的一成以內，如果房租十萬元，營業額就要達標一百萬元。我的算法是，房租最好是三天內賺回來，比方說：一家店的房租九萬元，平均一天要做三萬元，如果做得到，那這家店一定可以活下去。如果一天可以賺到四萬五千元，那一定大賺錢。要注意的是，這個算法不能用最高單日去算，而是用一個月的平均值去估。

這是一種不用去算員工薪水、食材其他等費用的簡單算法，也是自己多年來累積的經驗。因為我只是單店、獨資，至今操作下來，適用也有用；切記，如果超過四天才能賺回，就要好好考慮一下；如果五天才能賺回房租，那就該放棄了。

24 善待食材、不浪費，考驗廚師功力

不浪費食材就是省錢王道！
說起來簡單，真要執行起來細節很多，
從邊角料熬高湯、增加食材回轉率，
如何正確「保存」食材也是大家常常忽略的事！

數年前，在一場廚藝比賽中，當所有參賽團隊端出成品，一道道色香味俱全的菜色上桌，一一等待評審時。評審之一的阿基師除了品評菜色，竟然去翻各隊的廚餘桶，看看是否為了煮出一道菜，比賽團隊卻浪費了更多的食材。

當初看到這則新聞，令我非常有感。

其實，很多廚師都知道，大部分的食材不是被吃掉、用掉，而是被浪費的。簡單說，每一份食材都是錢！所以，如何善待、善用食材，不只可以看出一個廚師的功力、是否惜福，對經營者而言，還可以省下不少錢。

再舉個例子，早期我參與電視節目錄影，為了上節目做菜，我總是會多備些料，以備不時之需；但是，錄影前後常遇上阿基師，有時候我會在現場觀摩，聽聽他如何說菜的口條、學習一邊錄影一邊做菜的訣竅，但是我也注意到，阿基師自備的食材，永遠「剛剛好」，一點都不會浪費！

像我是學徒出身，對於做菜剩下的邊角料最有感，因為那些都是「員工餐」的食材來源。例如刻花剩下的蔬菜，切切炒炒也是一道料理；一塊去筋的菲力，過程難免犧牲一些帶筋的小肉條，而這些拿來滷肉，便是很豐盛的一道菜。

外科手術級的牛肉處理法

我始終相信，身為一個廚師，愛惜食材，不浪費就是王道。以我店裡的牛排為例，比重量、級數、處理的方式，很少餐廳可以做到。而且同樣一塊牛肉外面賣到一千五百元，我只賣九百九十九元，為什麼？

說明前，我先簡述一下自己店裡的牛肉處理方式，我選用的濕式熟成法。當美國牛肉一路冷藏進口到台灣，恆溫放在負一度的情況下，熟成至少三個月沒有問題，甚至口感更好。

在與肉品相關的訓練與課程中，先教導我們觀察牛肉的外觀，牛肉的顏色隨著飼養的時間越長，顏色越暗，會有粉紅至暗紅的落差。另外，肉品一接觸細菌會影響口感，只要一剪開密封包裝袋，縱使恆溫保存下，可能一兩天就會腐敗。

切肉前要先做好準備動作，把會碰到牛肉的所有工具，包括砧板、刀具、容器先放入冰箱與牛肉同溫。開始分切時，先用七十五度酒精噴灑工具，這些動作一定是用乾淨廚房紙巾擦淨，不用抹布。

即使下一步要剪開裝著牛肉的真空袋，我也會先將雙手、剪刀消毒殺菌，隨即把取出的牛肉放在紙巾上吸乾血水，不然血水會快速滋生細菌，肉一切好就乾淨的裝回真空袋。

或許有人選擇用手套，但只要一再碰觸牛肉，細菌同樣會附著，還不如用手，每次接觸都好好消毒。我認為，如果這段處理用最快速度，減少在室溫環境的時間，再進到負一度冰箱，可以儲存七天不變色。

所以，關於食材的認識，我們要從前端開始了解，甚至包括飼養、屠宰、運送的細節，如果都有基本知識，使用、料理的時候，就更懂得如何去對待、烹調食材，煮出來的食物口味，也會更勝一籌。

牛肉切厚刺激消費、增加回轉率

至於我的定價為何會相較同樣等級的牛肉料理便宜，那是回歸食材本身，為了加速這塊牛肉的回轉率。

即使用再高標準的方式去處理牛肉、也保存在最適合的溫度下，但如何搶在最完美的賞味期限內賣出去？

有兩個方法：其一是員工很會推銷，讓顧客多點牛肉；另一個方法就是把牛肉切厚一點，雖然能賣的份數減少，但能建立口碑。

面對這樣的選擇，我毫不猶豫的選擇後者，寧可把牛肉切大塊回饋客戶，皆大歡喜，吃掉（賣掉）也不要浪費掉。

其實很多作法都是連動的，牽一髮而動全身，這也是身為一個廚師或經營者必須要有的功力與學習。就像曾有朋友笑說，我這家披薩店的「冰箱台數比員工人數多」。

冰箱是對待食材重要的關鍵，根據不同的食材，蔬果、肉類、麵粉……都有專屬的冰箱與溫度，而且我堅持要買市面上較高等級的日本冰箱。大家想想，日本人最自豪的就是生魚片，而這些魚類的保鮮、溫度，肯定是以最高規格對待，這點我非常認同，更相信日本冰箱的高品質。

一般的冷藏冰箱約設定五度，但日本進口的冰箱可以調到負二度，對於肉類、海鮮類保鮮有很穩定的幫助，食材放進去不會凍傷，不僅保持鮮度也能保存較長時間。

食材到手後怎麼照顧？

我有一個很重要的觀念，就像美國自然牛，你我都買得到，或許價格有些差異，但買到後如何保存就各憑本事。我很在意食材到手後，怎麼照顧？這才是每家店的決勝關鍵。

同樣等級的肉或新鮮的魚，有的店家可能會放三五天，但是因為溫度不漂亮，東西就不新鮮了；可是我的食材先進先出管理得好，魚肉菜又在各自最適合的溫度下保存，不會肉、菜都擠在一起，生意一不好，就這個壞掉、那個過期，這種浪費是我最不能接受的，所以一般餐廳的冰箱食材都挫著等時，我才不擔心，即使一開始的投資成本較高，但是品質鮮度都可以保持很好，食材損耗很少。

照顧食材是很深的功課。我自己就很龜毛，所有跟食物接觸的容器材質，若不是不鏽鋼，就須符合食品衛生規定。就好像我們買了新鮮咖啡豆，袋子一剪開，就會放到適合保存的容器中；茶葉也是，就放到茶罐子裡。

在我店裡、家裡都不會發生把罐頭吃完洗一洗，拿來當容器的狀況。食材該放在什麼樣的容器，就給它什麼樣的容器，蔬菜就是放在樂扣保鮮盒裡面，處置好、溫度正確，才能讓客人嚐到最新鮮的口感。

土生土長的芝麻葉

再舉個例子，許多客人到我店裡用餐，對一大盤不惜成本的芝麻葉沙拉印象深刻。大家都吃得過癮，卻不知道在別家的沙拉裡面寥寥幾葉點綴的芝麻葉，其實來自台灣雲林鄉下，由我的岳父母親自栽種。

芝麻葉在歐洲是一種很受歡迎、相對昂貴的蔬菜，比起羅勒，種植難度高。創OGGI初期，台灣有少數種植，我們便去傳統批發市場買，但後來需求量暴增，供應不夠穩定也不足。

一開始改跟進口商購買，後來發現進貨當天的菜都很漂亮，怎麼到了第二、三天就每況愈下，最嚴重時候，曾經耗損高達八成。

幾經詢問才知道，原來進口端都沒有問題，是飛機抵達台灣後，蔬菜離開恆溫冷藏貨櫃等待檢驗，可能就處在一般戶外溫度中，若是報關程序過久，這些蔬菜忽冷忽熱的結果，到了下游的餐廳手裡，鮮度自然會出問題。

跟進口商反應多次無效後，我們才開始想要怎麼辦？

還好住在雲林的岳父母，真的是餐廳大恩人；務農的他們願意幫忙「種看看」。但是即使已經種了一輩子的菜，岳父還是說：「這種芝麻葉很嬌貴，真的很難種！」

預冷小動作大影響

因為這種芝麻葉的菜籽相較一般菜籽更小且輕，因此不能豪邁的撒出去，讓菜籽們自由生長，又怕澆了水就飄走，所以必須先挖好一個個的小洞，捏幾顆菜籽放進去，再蓋上薄土，等待發芽。

對一般農民來說，這個過程不符合經濟效益。我也曾為此跟著岳父母下田，彎著腰——學著怎麼種芝麻葉，只是短短的半日農夫體驗，我就「下次不敢了」。

芝麻葉在收成前，還有很多細節要注意，像是因為屬於十字花科，特別容易引來蝴蝶產卵、生蟲，要不就是施以農藥，要不就是得鋪上網紗杜絕，還要不時以人工去挑出蟲卵。所以，在我店裡吃的芝麻葉，或有蟲孔，但絕對保證新鮮、有機。

種到菜終於可以收成了，這一切還沒結束，得趕早採收……因為太過嬌貴，現採芝麻葉怎麼保鮮送到台北也是學問。

通常天還沒亮就開始採收芝麻葉，到了日正當中告一段落，此時的菜難免晒得熱熱燙燙，若直接封入紙箱中會悶壞。這時候就要把現摘的菜送到「蔬菜預冷中心」，外型就像是貨櫃車，只要蔬菜裝箱後放進去，門一關，不管箱子大小，箱子內的中心溫度十五分鐘都會降到正五度。

進行蔬菜預冷會增加不少成本，但有助於維持現採芝麻葉的新鮮度，可以延長蔬菜壽命，更不會發生有些爛掉的狀況，反而浪費。這麼多的眉角，才有從產地送來店裡的芝麻葉。近二十年來，岳父母默默耕耘，才能讓店裡的芝麻葉供應不斷，也成為我店裡的沙拉招牌菜之一。

目前台灣很多芝麻葉也透過水耕方式維持產量，但是「土生土長」的香氣，還是比較濃郁。能在PINO吃到是很超值又很幸福的事情，外面吃都數得出幾葉，斤斤計較。

像這些對於食材的要求，不只是對自己的承諾，也是為了客人把關；甚至上桌的每道菜，我都希望能夠原味呈現，減少添加。因此很多在台的外籍主廚，像是W飯店、東方文華，甚至侯布雄的主廚都來我店裡吃過芝麻葉，讚不絕口，這種同業主廚的肯定，更是令人欣慰。

25 在客人看不到的地方堅持細節

開店要先搞清楚賣什麼商品，
在什麼地方，賣給什麼人，定價也要清楚，
不要委屈自己，定價太低，
削價競爭絕對不是長久之計。

台灣人愛吃鹽酥雞，街頭巷尾小攤車屹立不搖；前兩三年更開始流行炸雞，不管是本土、連鎖店各有支持者，我店裡也賣炸雞，所以曾發揮職業本能做了點功課。我認為，技術可以標準化，由設備廠商設定就可以，至於是否成功吸引顧客，就是在獨門醬汁或其他特色上各自努力。

連鎖創業最常見到的就是一窩蜂投入，然而，真正要長期經營下去，在評估商品前，我會建議，先思考這個商品可不可以走十年，若會快速被淘汰或取代，沒有長期性就不要貿然行事，因為商品容易被複製、標準化。另外，做生意開店是要「賺錢」，不是交朋友、做辛酸，所以稅後純利也要有十％以上，否則一定要審慎考慮。

買好設備不是數學題

很多關於創業的關鍵與細節，我是做了十年才意識到這件事。像ＡＶＰＮ的技術門檻實在太高，而且要不斷認證，維持在那個標準之上，這些條件很難複製，所以到現在只開三家。

從找到商品的差異性，談到要做到極致化，以及善待食材等，根據我自己經驗，在開始回本、賺錢後，可以透過升級設備，將流程ＳＯＰ，可以省下不少人力，甚至讓品質更加穩定。

舉例來說，一般早餐店的漢堡，要烤麵包、煎肉、蛋；但是，麥當勞一次可以處理二十片，還有恆溫保溫器，即使得來速漢堡有時候從點餐到取餐，一分鐘不到。這些就是靠設備能解決的問題。

一般店家無法像國際連鎖速食店這樣操作，以常見的油炸機來說，大型速食店一台油炸機要二十萬元，但是一般鹽酥雞店家用的只要兩萬元就夠，二十萬和兩萬元的設備差別在哪？

以炸薯條為例，每根薯條從冷凍庫拿出來，每根就像是一顆冰塊。以兩種不同的機器來炸薯條，若是一百條薯條同時下油鍋，油溫瞬間下降；但是二十萬元機器的升溫速度很快，不會變成油泡薯條，這就是為何連鎖速食店炸薯條好吃的原因。

買設備，絕對不是數學題。也就是說，買一台二十萬元的機器不等於兩萬的可以買十台；而是買一台好的機器，可以讓你每次使用都能品質穩定，不會薯條炸越久越乾。

當然，一家小店可能一個月還賺不到二十萬元，視自己開店的規模，在能力許可時，為了產品的穩定度，設備絕對是值得的投資。

以前創業都沒想到這些細節，只覺得自己很會做菜，到底牛排怎麼煎到最好都沒想過，也不懂那麼多，就是看別人開店很簡單，都沒想到背後許多辛苦的細節。

夜市烤玉米的木炭與磅秤

有一回，我和家人去花蓮東大門夜市，現場攤販很多，但其中有一家烤玉米的攤位生意最好。我趁排隊時一直觀察，發現這個店家處理炭火的方式不一樣，而且深得我心！

通常一般店家為了省炭火錢，總是把黑摸摸的木炭直接丟到烤台上，感覺要從第一刻燒起才划算，不願意有任何耗損。但是這家烤玉米的作法是先把炭火在旁邊燒熱，才夾到烤台。

在披薩爐台邊站了這麼多年，每天觀察炭火，我很清楚，就是這個小動作，才能穩定炭火溫度，讓這家的烤玉米口味就是不一樣。

我一邊等就跟老闆聊天，「我也是同行，很在意這種細節，光是看到你在旁邊燒炭火，就知道你是會使用木炭的人，烤出來的玉米一定好吃。」

選好玉米軟硬度與口味要結帳時，我又觀察到一個更厲害的細節——磅秤。商用磅秤從三、四千元到四、五萬元不等，這家用的磅秤是日本品牌寺岡，標籤直接從旁邊出來，連磅秤等級都用最好的，難怪生意好，訂單雖多也不沒有看到亂掉。玉米重量、價格一目瞭然，一張標籤就搞定一份訂單，而不會因為誤差造成客人不開心，或重複溝通，尤其人多時候，省下的時間與功夫更是無價。

你可以選擇工作人員很厲害、機器笨一點，就像到傳統麵店點菜，許多資深店員的人腦比電腦靈光；你也可以選擇機器頂級一點，人不會那麼累，讓機器取代部分工作，維持品質。這些都是選擇，也要看創業規模與產品而定，一切量力而為。

就像我開始做冷凍披薩，光是收縮膜必須符合食品等級，就耗費心力。我和店長兩個人瘋狂上網搜尋，打電話找廠商親自確認，還有些廠商被問倒，熱心的幫我一起找，終於找到還寄樣品來。這些耗材的投資，或許在一些老闆眼中覺得不必要，但是食品衛生安全最首要，也是基本。在這種外人看不到的細節多點投資，我很捨得也相當堅持。

我承認，過去在飯店工作的背景，確實讓我對一家餐廳內的從廚房到餐桌，從食材到上桌，從前場到後場的每個細節都要求很高，創業多年來，我也慢慢的修正，當然不是降低品質，而是透過SOP簡化許多流程、透過設備釋放人力，透過品質黏住客戶。

開餐廳最怕兩件事

最後，我想分享一個親身經歷給想開餐廳的人。那是在OGGI年代，那天早上十點左右，我人一到餐廳，就聞到一股焦味。馬上問同事們，「你們沒人聞到焦味嗎？」我一邊問還在店裡一邊找。真的講完話不到三分鐘，突然聽到像是電線走火的劈啪聲。

我從自己站的定點跟耳朵聽得到、眼睛卻沒看到的位置判斷，應該是披薩的排煙管出問題。這種時候，即使在家裡也要記得，第一個反應動作就是切掉總電源，接著我請同事快打電話請消防車過來。

當時店裡的燈一關，整個空間變暗，因為我猜是爐子上方的問題，所以就爬上去檢查，果然一打開天花板，看到上方管線像是仙女棒一樣出現火花。

消防車很快趕到，開始拉水線準備滅火；但是，「只要消防隊一噴水，這家餐廳就完了」。我心想，這樣可不行。於是，先向消防員說明現場狀況，指出剛才的出火點位置，建議是不是先確認狀況再看處理方式。他們當場進店裡判斷，也同意再觀察一下，直到火花逐漸消失，管線不再延燒，就決定只留下一台消防車待命。

開餐廳最怕兩件事：就是火災和食物中毒。

我想分享的是，店內的設備和管線絕對不可輕忽，不小心走火就一發不可收拾，就算即時救火了，店裡滿目瘡痍，想要重頭來過，真的難上加難；還有食物保鮮不夠好，導致客人吃了鬧肚子，現在只要社群媒體一發文，結局也是一發不可收拾。

一直以來，我對自己的廚藝相當有自信，卻不認為自己是個天生很聰明的人，才會屢屢摔跤受挫，以上這些都是個人的創業心得，希望透過如實的分享，讓有心創業的人能因此少走點冤枉路。

26 利他、共好，做個有度量的老闆

一家店不是只靠老闆一個人就能開店。要有很多同心的員工，大家可以開心工作、願意學習，做出來的料理、餐廳的氛圍，才會讓顧客願意上門。

從創業談到現在，「員工」這一塊是我最後想要分享的主題，也是我現在最重視的部分。以前太自以為是，忽略了一起打拚的員工，導致面臨集體離職風暴，從巔峰跌至谷底，這可能是老天爺給我最深沉的一堂課。

在一家店裡，老闆也就是一個人、一雙手，而員工就像是我們的延伸，可以一起完成許多事，把這家店經營起來。如果老闆不開心、員工不快樂，這家的菜色怎麼可能好吃、服務怎麼可能周到？

員工攸關生意好壞

就像到集思應徵的時候，老闆曾說我薪水很高，甚至是別人兩倍。但事後他也改口，「這個薪水值得，找你來最令人安心。」確實，我當時告訴老闆，要創業的第一步很重要，找一個有經驗、對的人，對一家公司的重要性不言可喻，在餐廳管理上同樣也是。

我有次和八十五度C的老闆吳政學聊天，他分享公司發展最蓬勃時候，台灣共有兩百多家分店，業績最好的直營店月入八百多萬元，最差的約兩百多萬元。他想，奇怪，怎會相距四倍之多，產品一樣，地點也都是人潮聚集地，於是把優秀的那位店長調過去幫忙看看。

幾個月後，八百多萬元的店業績腰斬一半、兩百多萬元的店業績升到四百多萬元。最後他決定讓這兩位店長各自歸位，只是業績好的店要回到當時巔峰成長緩慢，但是另一家店業績卻又瞬間掉下來。

看似只有一個店長的差異，卻造成不同的結果；他說，這證明了一件事情：就是店長與行政主廚的組合確實攸關業績。

他的分享讓我不斷思考，每個員工是否能開心工作，也是我一直的追求，即使目前只有兩家小店，仍然希望能夠營造更好的企業文化與環境。

過去在飯店時期，總有許多的學習、進修課程。我一直希望有機會能夠回饋員工，也想過舉辦員工旅遊的想法，但只是出去玩有點可惜，於是我想到是否能結合課程的想法。

八個員工的共識營

開店做生意，店休一天代表的是一天沒進帳，既然面臨新冠肺炎疫情時候，生意都不好，那麼我們就休一天吧！在二〇二〇年第二季，我和員工們一起上了一堂團體共識營的課程。

在課堂上，我們透過競賽方式，寫下PINO的特色，看兩支隊伍誰能寫最多。「食材天然」、「貨真價實、CP值高」、「食物美味」、「老闆親切」、「投資設備教育」、「做事有效率」、「PIZZA有特色」、「衛生」……

看到員工們搶答寫下的這些紙條，陸續被貼在牆上，雖然只是一場競賽，卻讓我內心相當激動。原來每天忙著店裡事務之餘，每位員工對我們這家店的精神，我一直在做的事情，都心知肚明。

這一天，真的要很感謝超級資深的企管講師的講師——楊田林老師，答應為我們八名員工量身訂做這樣的課程，還有三位助教青樺姐、Jenny、Vivi的支援，陪我們度過有笑有淚的一天。

在競賽遊戲中，看到員工們爭相寫下的餐廳特色，讓我相當感動。

因為開店到現在，從來沒有這樣的機會和員工交流，用餐時間內外場都跟戰場一樣，忙到一段落，也只想休息。那天，我知道了哪個員工最愛吃甜點、巧克力，誰籃球打得好，還有人喜歡散步、無肉不歡。

最重要是，直到今天，我們才清楚彼此眼中的PINO，原來這麼表裡如一。相信不用再有老闆盯場，他們也永遠會在客人看不到的地方——堅持，相信我們一定會成為「一個有設備的廚房，一家有溫度的餐廳」。

給員工犯錯的機會

我常和同行聊天交流談理念，提起現在許多網紅打卡店，有人覺得要重視商品賣相、行銷、菜色，讓人喜歡拍照上傳就會紅；也有很多老闆會給員工們業績目標，例如每個月營收要一百五十萬元達標，搞得自己、員工壓力破表。

但職人出身的我，更重視的是做好基本功，把餐點做好、服務做好，只要菜的口味做好，生意就會慢慢進來，做好本業，不偷工走味才是長久之計。

雖然不是大排長龍名店，但是我穩穩做，心安理得，懂的人就知道，我不會刻意介紹或者強調，不一定每個客人都能了解，知道這些地方很用心。所以面臨疫情衝擊，我們沒有縮編、反而開發出冷凍披薩，加入外送市場，就當做趁機練功，等待黎明。

現在的我，心態上跟以前大不相同。當老闆，要有度量，要給機會。其實，回頭看自己，也犯過很多錯，像是走紅時候，就犯了大頭症，過度驕傲。有位某集團高層曾對我說過，「一個好的領導人，就是讓人心甘情願跟隨。」我希望，自己也能有這樣的魅力，慢慢前進。坦承告訴員工，自己過去的失敗經驗，給員工觀念、養分，現在更放手給他們機會，還有犯錯的空間。但是，我也會相對要求員工的品行要對、觀念要對，能夠適時的自我檢討，這樣就很好了。

過去在工作場合中，遇過很多厲害的同事。有些人看似每天醉醺醺，但是很會做生意，業績總是第一；有些人每天戰戰兢兢，很認真，可是業績卻未盡理想；也有人好像糾察隊，看什麼都不順眼，一直指揮大家，人緣很不好。

看看別人，想想自己。我長期觀察下來發現，真正創業成功的人，都是工作表現很優異，而非平常就會計較做太多，或覺得不是自己的工作就不做。

打造一家朝聖餐廳

PINO，是義大利文中的「松樹」，象徵很強的生命力。PINO，也是我兒子的名字。PINO，是我的披薩店名；這麼多年下來，PINO這家店，是不是我心中所想的那樣？我想，就目前狀態還不錯。

如果可以的話，我會打造一家心目中理想的餐廳，以歐洲的頂級規格打造所有設備，原木內裝，讓這個廚房可以一直延續下去，就像外國的百年老店，一代代傳承，成為「傳說中，來到台北一定要朝聖的餐廳。」

至於我的兒子PINO，我希望他能成為一個擁有「好人緣」的人。一個好相處的人，就會有許多人願意幫助你、跟隨你。

這句話也是我媽媽從我出社會就提醒我的：「少計較，做個好逗陣（台語：相處）的人。」我一直努力往這個目標前進，也遇到很多的貴人，成就現在的我。所以現在，「如果可以，我希望能用我的經驗，幫助更多的人。」一如寫下這本書的初衷。

PEOPLE 36

那些廚房教我的事——放牛班五星主廚的廚味人生

作者 / 謝宜榮
文字整理 / 陳瑤蓉
責任編輯 / 何若文
特約編輯 / 陳瑤蓉
美術設計 / 謝富智
版權 / 黃淑敏、吳亭儀、江欣瑜、劉鎔慈
行銷業務 / 周佑潔、張媖茜、黃崇華

總編輯 / 何宜珍
總經理 / 彭之琬
發行人 / 何飛鵬
法律顧問 / 元禾法律事務所 王子文律師
出版 / 商周出版
台北市104中山區民生東路二段141號9樓
電話：(02) 2500-7008　傳真：(02) 2500-7759
E-mail：bwp.service@cite.com.tw
Blog：http://bwp25007008.pixnet.net./blog
發行 / 英屬蓋曼群島商家庭傳媒股份有限公司城邦分公司
台北市104中山區民生東路二段141號2樓
書虫客服專線：(02)2500-7718、(02) 2500-7719
服務時間：週一至週五上午09:30-12:00；下午13:30-17:00
24小時傳真專線：(02) 2500-1990；(02) 2500-1991
劃撥帳號：19863813　戶名：書虫股份有限公司
讀者服務信箱：service@readingclub.com.tw
城邦讀書花園：www.cite.com.tw
香港發行所 / 城邦（香港）出版集團有限公司
香港灣仔駱克道193號超商業中心1樓
電話：(852) 25086231　傳真：(852) 25789337
E-mailL：hkcite@biznetvigator.com
馬新發行所 / 城邦(馬新)出版集團【Cité (M) Sdn. Bhd】
41, Jalan Radin Anum, Bandar Baru Sri Petaling,
57000 Kuala Lumpur, Malaysia.
電話：(603)90578822　傳真：(603)90576622
E-mail：cite@cite.com.my

封面設計 / COPY
印刷 / 卡樂彩色製版印刷有限公司
經銷商 / 聯合發行股份有限公司　電話：(02)2917-8022　傳真：(02)2911-0053

2021年（民110）10月28日初版
定價390元　　城邦讀書花園 www.cite.com.tw
ISBN 978-986-0734-76-8　Printed in Taiwan

國家圖書館出版品預行編目(CIP)資料

那些廚房教我的事 : 放牛班五星主廚的廚味人生 / 謝宜榮著. -- 初版. --
臺北市 : 商周出版 : 英屬蓋曼群島商家庭傳媒股份有限公司城邦分公司發行,
民110.10　272面 ; 14.8*21公分. --（People ; 36）
ISBN 978-986-0734-76-8（平裝） 1. 謝宜榮　2. 自傳 3. 臺灣　783.3886　110008525